HEINRICH IV.

Kaiser, Kämpfer, Gebannter

Herrschergestalt zwischen Kaiserkrone und Büßergewand

Begleitbuch zur Ausstellung
»Heinrich IV. – Kaiser, Kämpfer, Gebannter.
Herrschergestalt zwischen Kaiserkrone und Büßergewand«
im Historischen Museum der Pfalz Speyer

Die Ausstellung steht unter der Schirmherrschaft von
Seiner Exzellenz Dr. Anton Schlembach, Bischof von Speyer.

Das Begleitbuch wurde durch die großzügige Förderung
der Klaus Tschira Stiftung gemeinnützige GmbH realisiert.

KTS
Klaus Tschira Stiftung
gemeinnützige GmbH

Für die Unterstützung der Ausstellung danken wir ferner
der Stiftung Rheinland-Pfalz für Kultur.

Stiftung
Rheinland-Pfalz
für Kultur

Inhalt

Vorwort

Alexander Koch
Direktor Historisches Museum der Pfalz Speyer

Aus Anlass des 900. Todestages des salischen Kaisers Heinrich IV. widmet das Historische Museum der Pfalz einer der bekanntesten und umstrittensten Herrschergestalten des deutschen und europäischen Mittelalters eine eigene Ausstellung. Heinrich IV. – Kaiser, Kämpfer, Gebannter, so der programmatische Titel einer Präsentation, die das wechselvolle Leben, Wirken und Nachleben eines zeitweilig vom Papst gebannten Herrschers nachzeichnet, dessen Gang nach Canossa sprichwörtliche Berühmtheit erlangt hat. Da das Museum mit dem Domschatz des Bistums die Funde aus den im Speyerer Dom beigesetzten und im Jahre 1900 geöffneten Kaisergräbern beherbergt, erfüllt es mich mit großer Freude und Stolz, mit einer Ausstellung, einem interessanten Begleitprogramm und dieser Publikation einen Beitrag zu diesem regional wie überregional zu feiernden Jubiläumsjahr leisten zu können. Erwähnt sei nur das von der Europäischen Stiftung Kaiserdom zu Speyer in Zusammenarbeit mit dem Historischen Museum der Pfalz konzipierte wissenschaftliche Symposium zum salischen Kaisertum. Besonders freue ich mich darüber, der Öffentlichkeit erstmals Gesichts- und Kopfrekonstruktionen des Herrschers präsentieren zu dürfen, angefertigt von namhaften Wissenschaftlern nach den Fotos vom Originalschädel des Kaisers. Zu welchen Ergebnissen könnte die Forschung wohl kommen, würde man eines Tages die kaiserlichen Grablegen einer neuerlichen Untersuchung durch ein interdisziplinäres Wissenschaftlerteam unterziehen und dabei modernste naturwissenschaftlich-technologische Arbeitsverfahren anwenden können?

Für großzügige finanzielle Unterstützung unseres ambitionierten Projekts gebührt der Klaus Tschira Stiftung, vertreten durch Herrn Dr. h.c. Klaus Tschira, Herrn Prof. Dr. Siegfried Englert sowie Frau Beate Spiegel, und der Stiftung Rheinland-Pfalz für Kultur, vertreten durch Herrn Ministerpräsidenten Kurt Beck, Herrn Staatsminister Prof. Dr. E. Jürgen Zöllner sowie Herrn Edmund Elsen, mein ausgesprochener Dank. Der Europäischen Stiftung Kaiserdom zu Speyer, vertreten durch die Herren Vorstandsvorsitzenden Dr. Paul Wieandt sowie Staatsminister a. D. Dr. Georg Gölter und Karl-Markus Ritter, möchte ich für die hervorragende Kooperation mit unserem Haus ein herzliches Dankeschön übermitteln. Danken möchte ich ferner den Mitarbeitern und Partnern unserer Ausstellung, die unsere Arbeit in vielfältigster Weise unterstützt haben; namentlich genannt seien Frau Prof. Dr. Ursula Wittwer-Backofen vom Institut für Humangenetik und Anthropologie in Freiburg, Frau Brigitte Dreyspring in Wiesbaden, Herr Prof. Dr. Richard Helmer vom Institut für Angewandte Forensische Anthropologie in Kiel, Herr PD Dr. Jürgen Hesser vom Interdisziplinären Institut für Computergestützte Medizin in Mannheim, Herr Prof. Dr. Jörg Subke vom Biomechanik-Labor in Gießen, Herr Ministerialrat Anton Neugebauer in Mainz und Herr Arne Trautmann M. A. in Römerberg. Mit wichtigen Leihgaben unterstützen dankenswerterweise Frau Marlies Meyring vom Trifels-Verein in Annweiler, Herr Prof. Dr. Volker Rödel vom Generallandesarchiv in Karlsruhe, Herr Prof. Dr. Hans Ottomeyer vom Deutschen Historischen Museum in Berlin, Herr Dr. h. c. Gerd Biegel M. A. vom Braunschweigischen Landesmuseum sowie die Herren Thomas Metz und Prof. Dr. Helmut Bernhard vom Landesamt für Denkmalpflege Rheinland-Pfalz unsere Ausstellung. Für die Übernahme der Schirmherrschaft zu dieser Präsentation gebührt schließlich Seiner Exzellenz Dr. Anton Schlembach, Bischof von Speyer, mein ausdrücklicher Dank.

Abb. 1
Figur Heinrichs IV. vom Aachener Karlsschrein (1165 – 1215)
Domkapitel Aachen

Als Verantwortlicher des Historischen Museums der Pfalz freue ich mich außerordentlich, dass wir diese Ausstellung in so kurzer Zeit realisieren konnten. Dafür gebührt einer Vielzahl von Mitarbeiterinnen und Mitarbeitern meines Hauses großer Dank. Allen voran ist Frau Ellen Horstrup M.A. zu danken, der die Projektleitung und die wissenschaftliche Konzeption der Ausstellung oblag und die, unterstützt von Frau Isabella Blank M.A., mit großem Engagement und persönlichem Einsatz das Gesamtvorhaben betreute. Weiter gilt mein Dank meinem Stellvertreter und Ausstellungsleiter Herrn Wolfgang Leitmeyer, der als »Supervisor« für die Gestaltung verantwortlich zeichnete und in bewährter Weise eine spannungsgeladene Dramaturgie umzusetzen vermochte. Aus dem Kreis des Historischen Museums ist des Weiteren Frau Dr. Elke Jahnke für die Öffentlichkeitsarbeit und das Marketing sowie Herrn Gerhard Bossert für die Verwaltung mit ihren jeweiligen Mitarbeiterteams zu danken. Kein geringerer Dank gebührt Frau Colette Neufurth sowie den Herren Lucius Alsen, Dieter Becker, Winfried Grundhöfer, Martin Spies und Peter Haag-Kirchner für die Mitarbeit am Ausstellungsvorhaben. Mein Dank gilt darüber hinaus allen weiteren direkt oder mittelbar am Projekt beteiligten Mitarbeiterinnen und Mitarbeitern des Historischen Museums der Pfalz Speyer für ihr großartiges Engagement. Möge diese Ausstellung den ihr gebührenden Erfolg finden.

Grußwort

Bischof Anton Schlembach
Bischof von Speyer

Fünfzehn Jahre nach der großen Salierausstellung ruft in der alten Bischofs- und Reichsstadt Speyer erneut eine Präsentation des Historischen Museums der Pfalz die glanzvolle Zeit des salischen Kaiserhauses in Erinnerung. Im Blickfeld steht dabei der wohl bekannteste Herrscher der Dynastie, Heinrich IV., dessen Todestag sich in diesem Jahr zum 900. Mal jährt.

Gewiss ist es der spektakuläre Bußgang des Kaisers nach Canossa, der sich am tiefsten ins Gedächtnis der Nachwelt eingeprägt hat. Aber wer ein sichtbares Zeugnis der Tragik wie der Größe Heinrichs sucht, der findet es in Speyer, im salischen Kaiserdom. Von hier brach er an Weihnachten 1076 nach Canossa auf, um die Lösung vom Kirchenbann zu erreichen. Und als der abermals Gebannte im August 1106 in Lüttich auf dem Sterbebett lag, bat er darum, im Speyerer Dom in der Reihe seiner Vorfahren bestattet zu werden. Doch musste er bis 1111 in der noch ungeweihten Afrakapelle des Doms ruhen, bis ihm die letzte Ruhestätte in der Kaisergruft vergönnt wurde – in einem schlichten Steinsarg an der Seite seines Vaters.

Den Grundstein der Kathedrale hatte um 1030 bereits Konrad II. gelegt, der mit dem Bauwerk die sakrale Bedeutung des Kaisertums zum Ausdruck bringen wollte. Es war jedoch der Enkel, der ein halbes Jahrhundert später dem Dom, der damals größten Kirche des Abendlandes, seine heutige Gestalt geben ließ. Gerade dieser Umbau dokumentierte Heinrichs Machtanspruch, nicht weniger aber auch sein religiöses Herrschaftsverständnis und seinen Glauben. Durch ihn wurde der Dom, was er bis heute blieb: die einzigartige romanische Kathedrale, in der das christliche Credo in einem vollendeten Stil Architektur geworden ist.

Es ist ein Glücksfall, dass die Ausstellung im Historischen Museum der Pfalz verwirklicht werden konnte. Durch die direkte Nachbarschaft zu Dom und Domschatz, der hier konservatorisch betreut und der Öffentlichkeit präsentiert wird, können Gestalt und Bedeutung dieses Herrschers »zwischen Kaiserkrone und Büßergewand« eindringlich wie an keinem anderen Ort vor Augen gestellt werden. Ich danke der Leitung und dem Mitarbeiterteam des Museums für die Realisierung dieser beeindruckenden Ausstellung. Allen Besucherinnen und Besuchern wünsche ich neue und spannende Einsichten in eine entscheidende Umbruchszeit unserer europäischen Geschichte.

Grußwort

Paul Wieandt
Vorsitzender des Vorstandes der »Europäischen Stiftung Kaiserdom zu Speyer«

Mit einem internationalen wissenschaftlichen Symposium erinnert die »Europäische Stiftung Kaiserdom zu Speyer« in diesem Jahr an die im Dom bestatteten Salierkaiser. 2006 nämlich jährt sich zum 900. Mal der Todestag Kaiser Heinrichs IV. Die Tagung »Salisches Kaisertum und neues Europa in der Zeit Heinrichs IV. und Heinrichs V.« richtet den Blick auf den Kaiserdom, die salische Dynastie und ihre europäischen Bindungen. Die Gründung des mächtigen Dombaus ist beredtes Zeugnis der leidenschaftlichen Verbundenheit der Salier zu Stadt und Bistum Speyer. Im Jahr 1981 nahm die UNESCO die einst größte mittelalterliche Kathedrale wegen ihrer besonderen Bedeutung in die Liste des Kultur- und Naturerbes der Welt auf. Die »Europäische Stiftung Kaiserdom zu Speyer« übernahm im Sinne der UNESCO-Konvention die Patenschaft für die romanische Kathedrale.

Der Kaiserdom zu Speyer mit den Gräbern von Kaisern und Königen ist das herausragendste Denkmal der Salier. Konrad II. legte den Grundstein zwischen 1025 und 1030. Sein Sohn, Heinrich III., setzte das Werk fort. Bereits 1061 wurde der erste Bau noch unvollendet geweiht. Rund zwanzig Jahre danach begann Kaiser Heinrich IV., der Enkel des Gründers, einen großen Umbau, der weitgehend einem Neubau gleichkam. Man errichtete Chor und Querhaus neu, bekrönte den gesamten Bau mit der so genannten »Zwerggalerie« und überwölbte das Mittelschiff. Als Heinrich IV. im Jahr 1106 starb, war der Dombau weitgehend vollendet. Heinrich V. ließ nur noch einige abschließende Arbeiten verrichten. Die große Baustelle zog Handwerker und Bauleute, aber auch Händler und Kaufleute in die zuvor bedeutungslose Stadt, die nun zu ungeahnter Blüte gelangte. Die salischen Kaiser pflegten stets ihre Verbindung zu ihrem Dom. Von Heinrich III. wird berichtet, dass der tiefreligiöse Kaiser fast jährlich den Dom und die Gräber seiner Eltern besuchte, insbesondere an den Marienfesten.

Die Ausstellung »Heinrich IV. – Kaiser, Kämpfer, Gebannter« thematisiert das Wirken dieser Herrschergestalt und seiner Epoche. Sie stellt Geschichte in den europäischen Kontext. Unter den vielen aussagekräftigen Exponaten ragen besonders die Grabbeigaben heraus, die sonst in diesem Umfang den Augen der Öffentlichkeit verborgen sind. Die unmittelbare Nähe zum Kaiserdom macht die Präsentation besonders lebendig.

Ich danke allen am Projekt Beteiligten sehr herzlich für die Ausstellung als dem Ereignis zum Salierjahr 2006. Im Rahmen der Ausstellung finden neben einem Begleitprogramm Vorträge statt, die von der Europäischen Stiftung Kaiserdom zu Speyer unter der Geschäftsführung von Karl-Markus Ritter in enger Kooperation mit dem Historischen Museum der Pfalz unter der Leitung von Dr. Alexander Koch realisiert werden. Schließlich gilt mein Dank allen Mitarbeiterinnen und Mitarbeitern des Museums für deren von Leidenschaft und Freude bestimmtes Engagement bei der Konzeption der Ausstellung. Ich gratuliere zu der einzigartigen, eindrucksvollen und bestens gelungenen Präsentation.

Grußwort

Werner Schineller
Oberbürgermeister der Stadt Speyer

Ich freue mich sehr, dass das Historische Museum der Pfalz mit einer Ausstellung an Kaiser Heinrich IV. erinnert, dessen Todestag sich am 7. August 2006 zum 900. Mal jährt.

Das Geschlecht, aus dem Heinrich IV. stammt und das ab dem 12. Jahrhundert den Namen der »Salier« trägt, ist mit der Pfalz und mit der Stadt Speyer eng verbunden. Zahlreiche Aufenthalte Heinrichs IV. in Speyer bezeugen dies. Hier verbrachte er die ersten Dezembertage des Jahres 1076, vom Papst gebannt und von den Fürsten entmachtet. Kurz vor Weihnachten brach er von hier nach Canossa auf. Auch in dieser schwierigen Zeit standen die Speyerer Bürger auf Seiten des Kaisers. 1087 hielt Heinrich hier einen glänzenden Reichstag ab, zu dem Gesandte des Papstes und des Königs von Ungarn erschienen.

Durch die Förderung der salischen Kaiser hat sich aus der »Kühstadt« von einst die »Metropolis Germaniae« entwickelt. Heinrich IV. war es schließlich, der einen grundlegenden Umbau des Doms, der zum größten Bauwerk der christlichen Welt ausgebaut wird, initiiert und zahlreiche große Schenkungen macht. »Der Dom zu Speyer«, so hat es Papst Johannes Paul II. bei seinem Besuch am 4. Mai 1987 formuliert, »ist wie kaum ein anderes Bauwerk Europas mit der Geschichte dieses Kontinents verwachsen. In den mehr als 900 Jahren seines Bestehens hat er die großen Zeiten einer gemeinsamen Kultur Europas im Bereich des Glaubens, der Wissenschaft und der Kunst miterlebt.«

Von diesem großartigen Bauwerk profitiert die Stadt bis auf den heutigen Tag. Mit dem Dom als Weltkulturerbe und dem Historischen Museum der Pfalz zählt Speyer zu den touristischen Glanzpunkten in der Metropolregion Rhein-Neckar.

Ich wünsche der Ausstellung »Heinrich IV. – Kaiser, Kämpfer, Gebannter. Herrschergestalt zwischen Kaiserkrone und Büßergewand« und den zahlreichen Begleitveranstaltungen einen regen Zuspruch.

Das Jahrhundert der Salier

Das prägende Ereignis in den fast genau einhundert Jahren salischer Herrschaft ist sicherlich der Gang Heinrichs IV. über die verschneiten Alpen und das Zusammentreffen mit Papst Gregor VII. vor der Burg von Canossa. Der als Sprichwort spätestens seit Bismarck in unseren Wortschatz eingeflossene »Gang nach Canossa«, die damit verbundenen Ereignisse der Absetzung und Bannung Heinrichs und schließlich die Kirchenbuße stellen tatsächlich einen Wendepunkt in der deutschen Geschichte dar, denn die Einheit von Regnum und Sacerdotium, auf dem die frühmittelalterliche Ordnung bis zu diesem Zeitpunkt beruht hatte, zerbrach in den Jahrzehnten der Auseinandersetzungen zwischen Heinrich IV. und Papst Gregor VII. Die aus karolingischer und ottonischer Zeit stammende Legitimation des Königtums mit seiner sakral überhöhten Stellung, die seit Karl dem Großen durch die Salbung des Königs zum Ausdruck gebracht wurde, begann unter Heinrich IV. zu bröckeln.

Abb. 2
Otto III. umgeben von Fürsten und Erzbischöfen
Unter den ottonischen Kaisern hatte die Reichskirche in der Herrschaftsorganisation eine große Bedeutung. Die Darstellung stammt aus dem Reichenauer Evangeliar vom Ende des 10. Jahrhunderts.
Bayrische Staatsbibliothek, Clm 4453, fol. 24

Konrad II., der 1024 als erster salischer König gewählt wurde, konnte in vieler Hinsicht noch auf diese Traditionen aufbauen. Wie seine ottonischen Vorgänger übte er einen großen Einfluss auf die Reichskirche aus, die eine wichtige Stütze seiner Herrschaft darstellte. Er sah sich als Vicarius Christi, als Stellvertreter Christi auf Erden. Energisch ging Konrad II. gegen die Krisenherde im Reich vor und konnte das Königreich Burgund langfristig an das Reich binden. Er herrschte über die drei Reiche Deutschland, Italien und Burgund, für die sich die Bezeichnung Imperium Romanum durchsetzte. Bei den vielen Parallelen zu seinen Vorgängern zeigt sich jedoch auch ein entscheidender Unterschied. Während die Ottonen die Vorstellung vom Königtum an der einzelnen Herrscherperson festmachten, wurde sie unter Konrad II. von der Einzelperson gelöst: »Ist der König tot, so bleibt doch das Reich bestehen, ebenso wie ein Schiff bleibt, dessen Steuermann fällt«.

Sein Sohn Heinrich III. übernahm nach dem Tod Konrads II. 1039 ein gefestigtes Reich, das unter dem gebildeten Herrscher einen Höhepunkt mittelalterlicher kaiserlicher Macht erreichte. Durch die Heirat mit Agnes von Poitou, die aus der Gründerfamilie des Klosters Cluny stammte, kam Heinrich III. mit der Kirchenreformbewegung des 11. Jahrhunderts in Kontakt. Diese Reformbewegung, die ihren Ausgangspunkt in Cluny hatte, richtete sich gegen den moralischen Verfall des Klerus und forderte die Einhaltung des Zölibats. Sie verurteilte die in der Kirche weit verbreitete Simonie (Ämterkauf) und forderte die Zurückdrängung des Einflusses der Laien innerhalb der Kirche.

Unter Heinrich III. bildeten die Bischöfe eine wichtige und zuverlässige reichspolitische Stütze der Königsherrschaft und Heinrich III. sah trotz seiner Förderung der Kirchenreformen keinen Widerspruch darin, das Recht der Investitur weiterhin für sich zu beanspruchen. Im Jahr 1046 griff er in die römischen Angelegenheiten ein. Er setzte die drei miteinander konkurrierenden Päpste ab und erhob den reformfreudigen Clemens II. zum Papst, der ihn am 24. Dezember 1046 zum Kaiser krönte. Heinrich III. befand sich auf dem Höhepunkt seiner Macht. In der letzten Phase der Regentschaft Heinrichs III. machte sich Widerstand des Hochadels gegen den autokratischen Herrschaftsstil des Kaisers bemerkbar, der unter seinem Sohn im Jahr 1077 in der Wahl eines Gegenkönigs gipfelte.

Die Auseinandersetzungen mit den Fürsten und den Gegenkönigen in der Regierungszeit Heinrichs IV. prägten dessen Handeln über Jahrzehnte hinweg. Von epochaler Bedeutung allerdings ist der Konflikt zwischen dem Königtum und dem Papsttum, der bis weit in die Regierungszeit Heinrichs V. hineinreichte. Die Auseinandersetzungen entzündeten sich an der gängigen Praxis der Investitur von Bischöfen und Reichsäbten durch den König. Im Zuge der Kirchenreform im 11. Jahrhundert geriet diese Investiturpraxis, bei der geistliche Symbole wie Bischofsstab und seit Heinrich III. auch der Bischofsring übergeben wurden, in die Kritik. Die Vorstellung, dass jede Mitwirkung eines Laien an der Besetzung eines geistlichen Amtes als Simonie verurteilt werden musste, traf das salische Herrschaftssystem an einem zentralen Punkt. Der Streit entzündete sich an der Ernennung des königlichen Kaplans Tedald zum Erzbischof von Mailand durch Heinrich IV. im Jahr 1075. Auf die Kritik Papst Gregors VII. an dieser Investitur reagierte Heinrich mit der Absetzung des Papstes. Im Jahr 1075 fertigte Papst Gregor VII. den berühmten Dictatus Papae, worin er seine Vorstellung von der Vorrangstellung der geistlichen Gewalt gegenüber weltlichen Machthabern formulierte. Ein zentraler Satz lautet »Das höchste kirchliche Amt kann von niemandem gerichtet werden«.

Abb. 3
Kaiser Heinrich III. und seine Frau Agnes von Poitou
Stadtbibliothek/Stadtarchiv Trier, Hs 1709, f. 72 r

Abb. 4
Silberpfennig aus der Zeit Heinrichs IV.
Die Münze aus Maastricht oder Lüttich zeigt auf der Rückseite die Investitur eines Bischofs durch den König: Der König, auf der linken Seite der Münze dargestellt, übergibt den Bischofsstab.
Estonian History Museum, Tallinn/Estland

Auf seine Absetzung reagierte Papst Gregor mit der Absetzung und Bannung Heinrichs. Der politisch handlungsunfähig gewordene König vermochte sich mit seinem überraschenden Zug nach Canossa für kurze Zeit vom Bann zu lösen, wurde aber 1080 erneut gebannt. Weder mit Gregor VII. noch mit seinen Nachfolgern erreichte Heinrich IV. eine Einigung. Unter Heinrich V., der seinen gebannten Vater Heinrich IV. aus Sorge um das Reich im Jahr 1105 absetzte, reduzierte sich der Investiturstreit schließlich auf die Frage der Investitur. Im Wormser Konkordat, das durch die Vermittlung der deutschen Fürsten am 23. September 1122 zustande kam, verzichtete

Heinrich V. auf die Investitur der Bischöfe und Reichsäbte und gestattete die freie kanonische Wahl, während der Papst die Anwesenheit des Königs und die Übergabe der Regalien vor der Wahl gestattete. Mit dem Wormser Konkordat war der Investiturstreit beigelegt, das Kaisertum in seiner sakralen Legitimation erschüttert und die traditionelle Einheit von Kaisertum und Papsttum aufgehoben. In der Folgezeit bauten die Bischöfe ihre Territorien aus, traten damit in Konkurrenz zu den weltlichen Fürsten. Die Idee des Kaisertums musste unter den nachfolgenden Staufern auf eine neue Grundlage gestellt werden.

Das 11. Jahrhundert war eine Zeit der sozialen Mobilität und Dynamik, in der ein neues, dreigeteiltes Bild der Gesellschaft entstand: die Oratores (Betende), Laboratores (Arbeitende) und Pugnatores (Kämpfende). Durch die demografische Expansion und die Intensivierung der Landwirtschaft bedingt, wuchsen im 11. Jahrhundert die Städte, und ihre wirtschaftlich erstarkten Bürger begannen bereits begrenzt politischen Einfluss auszuüben. So fand Heinrich IV. Unterstützung in den rheinischen Städten Köln, Worms und Mainz. Mit seiner Constitutio de feudis betrieb Konrad II. als erster deutscher Herrscher eine aktive Lehnspolitik. Er schuf die Basis für den Aufstieg der Dienstmannen, für die sich unter Heinrich IV. auch die Bezeichnung ministeriales findet. Ein Teil dieser ursprünglich unfreien Dienstmannen erlangte durch qualifizierte Tätigkeiten in der Verwaltung oder als Krieger einen neuen Rechtsstatus und entwickelte sich zu einem verlässlichen Machtinstrument für die Monarchie, da die Fürsten häufig gegen die Königsherrschaft agierten. Die baulichen Leistungen der Menschen des 11. Jahrhunderts in den Städten, besonders im Kirchenbau, und im Burgenbau sind heute noch beeindruckend. Viele der neu errichteten Burgen im 11. Jahrhundert zeugen als Ministerialenburgen vom Aufstieg der Dienstmannen.

EH

Abb. 5
Szenen aus dem Leben Papst Gregors VII. (um 1020/25–1085)
Weltchronik des Otto von Freising (1. Hälfte des 12. Jahrhunderts)
Oberer Fries: links: Die Erhebung des Gegenpapstes Clemens III. 1080; rechts: Flucht Gregors VII. aus Rom unter dem Schutz des Normannenfürsten Robert Guiscard 1084.
Unterer Fries: links: Gregor VII. mit seinen Anhängern im Exil; rechts: Tod Gregors VII. 1085 in Salerno.
Thüringer Universitäts- und Landesbibliothek Jena, Ms Bos. q. 6, 79 r

Abb. 6
So genannter Heinrichs-Pfennig der Münzstätte Speyer
Vom Areal der Burg Schlössel bei Klingenmünster in der Pfalz, einer typischen Adelsburg aus dem 11. Jahrhundert, stammt ein Schatzfund mit insgesamt 267 Pfennigen, fast ausschließlich so genannte Heinrichs-Pfennige aus der Zeit Heinrichs IV. Die Münzen zeugen vom Wohlstand der Burgbewohner des 11. Jahrhunderts und wurden in den unruhigen Zeiten des Investiturstreits vergraben.
Landesamt für Denkmalpflege Rheinland-Pfalz, Archäologische Denkmalpflege Amt Speyer

Abb. 7 (Seite 13)
Erzbischof Anno von Köln (um 1010–1075)
Darstellung aus der Vita Sancti Annonis Archiepiscopi Coloniensis, Kloster Siegburg (um 1180).
Erzbischof Anno von Köln spielte während der Jugend Heinrichs IV. eine wichtige politische Rolle. Um sich mehr Einfluß auf die Geschicke des Reiches zu verschaffen, entführte er den unmündigen König 1062 im »Staatsstreich« von Kaiserswerth.
Universitäts- und Landesbibliothek Darmstadt, Hs 945 fol. 1v

Ecce sacerdos qui in diebus suis

Heinrich IV. – Kaiser, Kämpfer, Gebannter

Der einsame Tod Kaiser Heinrichs IV. am 7. August 1106 in Lüttich im Alter von 56 Jahren stand in einem starken Kontrast zum Beginn seines Lebens. Geboren als Sohn eines der glanzvollsten und mächtigsten Herrscher des Mittelalters auf dem Höhepunkt seiner Macht, starb Heinrich IV. im ungeklärten Konflikt mit seinem eigenen Sohn und Nachfolger – Heinrich V. – und unter dem Bannspruch des Papstes als Ausgestoßener aus der christlichen Gemeinschaft. Hinter ihm lag ein Leben, wie es wechselvoller kaum sein kann. Uns neuzeitlichen Menschen ist Heinrich IV. vor allem durch seinen sprichwörtlich gewordenen Gang nach Canossa im kulturellen Gedächtnis verankert, doch Canossa war nur einer der vielen Wendepunkte in seinem bewegten Leben.

Begeben wir uns auf seine Spuren ins Jahr 1050: In der Kaiserpfalz Goslar, die sein Vater, Heinrich III., zu einem seiner Machtzentren ausgebaut hatte, kam Heinrich IV. am 11. November zur Welt. Zu Ostern 1051 erfolgte die Taufe Heinrichs, Taufpate war der hochangesehene Abt Hugo von Cluny, der seinem Patensohn 26 Jahre später beim schweren Gang nach Canossa beistehen wird. Bereits zwei Jahre nach der Taufe wurde Heinrich auf Wunsch seines Vaters von den Fürsten des Reiches in Trebur zum König des deutschen Reiches gewählt. Mit dieser Maßnahme zielte Heinrich III. darauf ab, die Königsmacht auch weiterhin in den Händen der salischen Familie zu wissen. Weihe und Krönung des kleinen Königs erfolgten im Juli 1053 in Aachen durch Bischof Hermann von Köln. Die Kindheit Heinrichs IV.

Abb. 8
Die Kaiserpfalz in Goslar, der Geburtsort Heinrichs IV.
Erbaut 1005–1015, Errichtung eines neuen Palas durch Heinrich III., 1867–1879 im historisierenden Stil wiederhergestellt.

– sofern man nach heutigen Maßstäben von einer Kindheit sprechen kann – ging schlagartig am 5. Oktober 1056 zu Ende, als sein Vater im Alter von nur 39 Jahren überraschend in Bodfeld (Harz) starb. Sein Leichnam wurde von dort nach Speyer überführt und an der Seite seiner Eltern, Konrad II. und Gisela, vor dem Hochaltar im Dom beigesetzt, der zu dieser Zeit noch immer im Bau war. Der sechsjährige Heinrich war nun formell König. Die Regentschaft für den minderjährigen Monarchen wurde von seiner Mutter, Agnes von Poitou, übernommen. Die Erzbischöfe Adalbert von Bremen, Anno von Köln und Bischof Heinrich von Augsburg fungierten als Ratgeber der Kaiserin. Für Heinrich IV. bedeutete der Verlust seines Vaters nicht nur eine persönliche Tragödie. Schon während der letzten Regierungsjahre Heinrichs III. hatte die salische Macht erste Risse bekommen und war innerhalb wie außerhalb seiner Grenzen auf Schwierigkeiten gestoßen: Der universelle Machtanspruch des salischen Kaisertums wurde sowohl von den östlichen und westlichen Nachbarn als auch von den zunehmend selbstbewussten Fürsten immer mehr in Frage gestellt. Diese Tendenzen entwickelten sich in der Regentschaft Agnes' weiter. Zeit seines Lebens kämpfte Heinrich IV. gegen weltliche und geistliche Fürsten um die Erhaltung und Wiederherstellung seiner königlichen Autorität.

Von besonders schwerwiegender Bedeutung war der Verlust der bisherigen Unterordnung des Papsttums unter das Königtum, wie sie noch unter der Herrschaft von Heinrich III. selbstverständlich gewesen war. Heinrich III. hatte sich noch allgemein akzeptiert als Vicarius Christi gesehen, als Stellvertreter Christi auf Erden, und als solcher auf der Synode von Sutri 1046 drei rivalisierende Päpste ab-,

Abb. 9
Die Fürsten huldigen dem neugeborenen Heinrich IV.
Hermann Wislicenus (1825–1899): Fresko an der Westwand des Reichssaales in der Kaiserpfalz Goslar. Die Ausmalung der wiederhergestellten Kaiserpfalz erfolgte in den Jahren 1879–1897.

Abb. 10
Erzbischof Adalbert von Bremen (um 1000–1072)
Abbildung aus der »Chronica der Stadt Bremen« von Johann Renner (um 1525 – um 1583).
Universitätsbibliothek Bremen, Brem. a. 96 – 61 v

beziehungsweise seinen eigenen Kandidaten eingesetzt. Wahl und Inthronisierung des Papstes Nikolaus II. am 24. Januar 1059 hingegen wurden Kaiserin Agnes und Heinrich IV. erst im Nachhinein mitgeteilt, das heißt die entscheidende Rolle des Königs bei der Papstwahl wurde offen in Frage gestellt.

Unter anderem aus Unzufriedenheit über den Gang der Dinge im Reich, plante Erzbischof Anno von Köln 1062 die Entführung des zwölfjährigen Heinrichs – außer Erzbischof Anno sind namentlich noch Ekbert von Braunschweig und der Bayernherzog Otto von Northeim als Mitverschwörer bekannt. Bei einem Aufenthalt in der Kaiserpfalz in Kaiserswerth am Rhein wurde der nichts ahnende Heinrich eingeladen, ein Rheinschiff zu besichtigen. Kaum befand sich der König an Bord, legte das Schiff ab. Heinrich geriet in Panik und sprang ins Wasser. Da er nicht schwimmen konnte, drohte er zu ertrinken, wurde jedoch von Ekbert von Braunschweig wieder aus dem Wasser gezogen. Von nun an lebte Heinrich in Köln unter der Aufsicht Bischof Annos, der nicht nur den jungen König, sondern auch die Reichsinsignien in seine Gewalt gebracht hatte.

Mit seinem fünfzehnten Geburtstag wurde Heinrich mündig; sichtbares Zeichen dafür war die in Worms gefeierte Zeremonie der Schwertleite. Noch führten überwiegend Erzbischof Anno von Köln und zeitweilig Erzbischof Adalbert von Bremen die Regierungsgeschäfte, mit den Jahren beteiligte sich Heinrich IV. immer mehr selbst. Im Juli 1066 heiratete Heinrich IV. Bertha von Turin. Zu Beginn der Ehe findet sich Bertha häufig als Fürsprecherin in den königlichen Urkunden. Doch zwei Jahre später äußerte Heinrich den Wunsch, sich von seiner Gemahlin scheiden zu lassen. Das Scheidungsbegehren wurde vom Legaten des Papstes sowie den weltlichen und geistlichen Fürsten abgelehnt. Die Gründe Heinrichs, sich von seiner Frau scheiden lassen zu wollen, sind nicht ganz zu erhellen. Vielleicht handelte es sich um einen Akt der Auflehnung gegen seine Umgebung, insbesondere nachdem der von Heinrich geschätzte Erzbischof Adalbert von Hamburg-Bremen von Anno von Köln aus der Führung der Reichsgeschäfte verdrängt worden war. In den kommenden Jahren arrangierte sich Heinrich mit Bertha: 1074 kam mit Konrad der ersehnte Thronfolger zur Welt, als Nachzügler dann 1086 Heinrich V.

Abb. 11
Siegel des Erzbischofs Anno von Köln
(um 1010–1075)
Historisches Archiv
der Stadt Köln

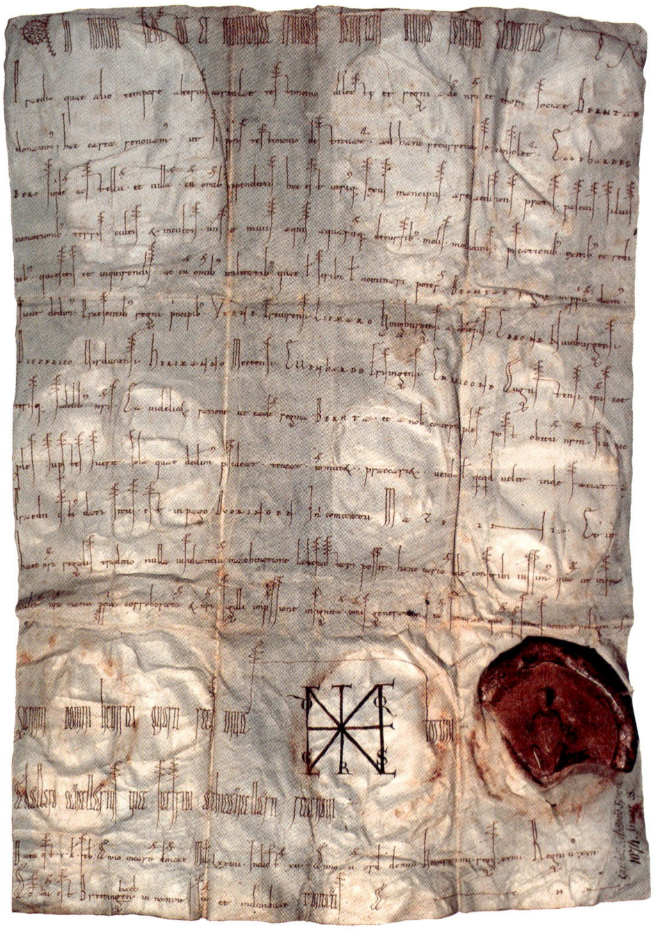

Abb. 12
Urkunde vom 28. Januar 1074: Heinrich IV. schenkt seiner Gemahlin Bertha Burg und Villa Eckartsberga.
Der Text dieser Urkunde gibt Aufschluss darüber, dass Heinrich IV. mit dieser Schenkung eine bereits früher gemachte, gleichlautende Schenkung an seine Gemahlin erneuerte.
Generallandesarchiv Karlsruhe, A 103

Eine erste große Herausforderung der selbstständigen Herrschaft Heinrichs IV. war der Sachsenaufstand von 1073. Während der Regentschaftszeit waren Reichsgüter und -rechte verloren gegangen, die der König nun wieder zurückforderte. Um seinen Herrschaftsanspruch zu unterstreichen, ließ er eine Reihe von Burgen errichten, deren Besatzungen aus landfremden Schwaben bestanden. Von diesen Maßnahmen aufgebracht, zogen die Sachsen unter der Führung Bischof Burchards von Halberstadt, Ottos von Northeim und Hermann Billungs gegen Heinrich ins Feld. Der König musste zunächst nachgeben und sich in die unter seiner Herrschaft ausgebaute Harzburg zurückziehen, von wo er bei Nacht und Nebel flüchtete. Er hatte es schwer, Unterstützung zu finden und musste einen für ihn sehr unvorteilhaften Frieden schließen. Bei der vertraglich vereinbarten Schleifung der Harzburg kam es allerdings zur Verwüstung der dort befindlichen Gräber der königlichen Familie (u.a. der Gräber der ersten beiden im Kleinkindalter verstorbenen Kinder Heinrichs und Berthas). Dieses Sakrileg rief eine so große Empörung hervor, dass es Heinrich IV. gelang, ein großes Heer aufzubieten und die Sachsen im Juni 1075 bei Homburg an der Unstrut vernichtend zu schlagen. Weihnachten 1075 verbrachte er in der Kaiserpfalz Goslar, seinem Geburtsort, und ließ die versammelten Fürsten des Reiches schwören, seinen einjährigen Sohn Konrad zum König zu wählen. Die Thronfolge schien gesichert, Heinrich IV. seine Macht gefestigt zu haben.

Doch es hatte sich schon ein neuer Konflikt angebahnt, der zu einer weiteren ernsthaften Bedrohung für Heinrich IV. werden sollte. Im April 1073 war Papst Alexander II. gestorben und sein Nachfolger wurde unter Ausschluss des Königs und des römischen Adels beim Begräbnis des alten Papstes von den anwesenden Kardinälen bestimmt. Neuer Papst wurde Gregor VII. Dieser verfasste die berühmten Dictatus Papae, ein Dokument, das deutlich macht, wie Gregor das Machtverhältnis zwischen Papst und König verstand: Der Papst habe das Recht zu richten, dürfe jedoch selbst von niemandem gerichtet werden, er habe sogar das Recht, einen Kaiser abzusetzen und dessen Untertanen von ihrem Treueid zu entbinden. Im Jahr 1075 brach der Konflikt offen aus, als der König in den oberitalienischen Städten Mailand, Fermo und Spoleto neue Bischöfe einsetzte. Die beiden letztgenannten Diözesen waren eigentlich dem Papst unterstellt und so protestierte Gregor VII. heftig gegen das Vorgehen Heinrichs.

Der König hingegen versammelte am 24. Januar 1076 in Worms Fürsten und Bischöfe, um auf die Forderung des Papstes nach Gehorsam zu reagieren. 26 der anwesenden Reichsbischöfe kündigten dem Papst die Treue und fochten seine Papstwahl an: für sie war er nur »Bruder Hildebrand«. Als die von dieser Versammlung nach Rom geschickten Briefe auf der römischen Fastensynode im Februar verlesen wurden, griff Papst Gregor zum Äußersten und verhängte den Bann über Heinrich IV. Doch nicht nur das, er erklärte ihn sogar für abgesetzt und seine Untertanen vom Treueid entbunden! Einige Fürsten nutzten die Gunst der Stunde, um sich vom König abzuwenden und ein Heer gegen ihn aufzustellen. Bevor es zur Schlacht kam, fanden jedoch Ausgleichsgespräche statt: Die gegnerischen Fürsten verzichteten auf die Wahl eines anderen Königs, dafür musste sich Heinrich zum Gehorsam gegenüber dem Papst verpflichten und sich bis zum Februar 1077 um die Aufhebung des Kirchenbannes bemühen. Um dies zu erreichen, quälte sich der König im tiefsten Winter mit seiner Gemahlin Bertha und seinem knapp dreijährigen Sohn Konrad über die Alpen. Auf der Burg Canossa trafen Papst und König aufeinander. Es ist zu vermuten, dass Heinrich nicht wirklich drei Tage lang barfuß im Büßergewand vor der Burg ausharrte, sondern sich vermutlich auf einzelne symbolische Handlungen beschränkte. Nachdem Heinrich IV. die Bußriten vollzogen hatte, musste ihn der Papst vom Bann lösen.

Abb. 13
Ruine der Burg Canossa, 18 km südwestlich von Reggio nell'Emilia.
Erbaut im 10. Jahrhundert, 1255 und nochmals 1537 zerstört.
Ausstellungsgesellschaft Paderborn mbH

Abb. **14**
Grabplatte Rudolfs von Rheinfelden,
Dom zu Merseburg (1080–1085)
Die Platte wurde aus vergoldeter Bronze hergestellt und mit Emaileinlagen sowie mit Edelsteinen verziert, die heute nicht mehr vorhanden sind.
Vereinigte Domstifter zu Merseburg und Naumburg und des Kollegiatstifts Zeitz, Bildarchiv Merseburg

Abb. **15**
Reichskrone
Die Reichskrone zählt zu den Reichsinsignien, die Heinrich IV. seinem Sohn Heinrich V. bei seiner Gefangennahme im Dezember 1105 übergeben musste.
Kunsthistorisches Museum Wien

Danach kehrten die gemäßigteren Fürsten und Bischöfe an seine Seite zurück, doch ein harter Kern von Gegnern blieb bestehen. Diese wählten am 15. März 1077 Rudolf von Rheinfelden zum Gegenkönig. Die folgenden Jahre waren für Heinrich von harten Auseinandersetzungen mit dem Papst, dem Gegenkönig und den Fürsten geprägt. 1080 wurde Heinrich ein weiteres Mal gebannt. Im gleichen Jahr verlor er die Schlacht an der Weißen Elster gegen Rudolf von Rheinfelden, allerdings wurde Rudolf so schwer verletzt, dass er an den Folgen seiner Verletzung starb. Seine Grabplatte im Merseburger Dom, die ihn als König abbildet, ist die früheste figürliche Grabplatte aus dem hohen Mittelalter und ausgesprochen prachtvoll. Heinrichs Gegner einigten sich nach einiger Zeit zwar auf Hermann von Salm als neuen Gegenkönig, doch dieser hatte nicht mehr denselben Einfluss wie Rudolf von Rheinfelden.

Im Frühjahr 1081 zog Heinrich IV. nach Italien, um dort seine Machtbasis wieder zu festigen und den von ihm ernannten Gegenpapst Clemens III. anstelle von Gregor VII. in Rom zu etablieren. Nach mehrmaliger Belagerung Roms durch die Truppen Heinrichs IV. öffneten die Römer ihm im Februar 1084 die Stadttore. Clemens III. krönte Heinrich IV. in Rom zum Kaiser. Wieder schien er auf einem Höhepunkt seiner Macht zu stehen. Auch die politischen Verhältnisse in Deutschland konnten nach der Rückkehr des nunmehrigen Kaisers Heinrich IV. kurzzeitig geordnet werden: Ende Mai 1087 wurde sein Sohn Konrad in Aachen zum König gekrönt.

1093 sah sich Konrad gezwungen, sich gegen seinen Vater zu stellen, da er beim schwindenden Rückhalt des Kaisers im Reich den Verlust seines Erbes fürchtete. Er verbündete sich mit dem neuen Papst Urban II. und zog nach Mailand, wo er sich sogar zum König von Italien krönen ließ. Obwohl es Heinrich IV. in den kommenden Jahren schwer hatte, seine Machtbasis in Deutschland zu festigen, gelang es auch seinem Sohn Konrad nicht, in Deutschland oder in Italien Bedeutung zu gewinnen. Im Alter von 27 Jahren starb er 1101 in Florenz.

Heftige Angriffe erfuhr Heinrich IV. auch von seiner zweiten Gemahlin Praxedis (Kaiserin Bertha war 1087 gestorben). Praxedis floh in das Lager des Papstes und brachte schlimme Verleumdungen vor. Sie behauptete, Heinrich IV. habe sie mehrfach zum Ehebruch gezwungen. Heinrich sollte nicht nur politisch, sondern auch moralisch diskreditiert werden.

Im Mai 1098 hatte Heinrich IV. Konrad auf einem Fürstengericht in Mainz als König absetzen lassen und seinen zweiten Sohn, den zwölfjährigen Heinrich als Nachfolger designiert. Obwohl er nach den schlechten Erfahrungen seinen jüngeren Sohn schwören ließ, sich nie gegen den Vater zu erheben, tat Heinrich V. im Jahr 1105 genau das. Der Grund dafür lag auch bei ihm im schwindenden Rückhalt des Kaisers im Reich und dessen erneuter Bannung durch den neuen Papst Paschalis II. Der knapp zwanzigjährige Heinrich sah sein Erbe akut in Gefahr und handelte. Er sammelte Anhänger für eine Entscheidungsschlacht gegen seinen Vater und immer mehr Fürsten traten auf seine Seite. Auf dem Weg zu einer für Weihnachten 1105 anberaumten Fürstenversammlung ließ Heinrich V. seinen Vater auf Burg Böckelheim gefangen nehmen und brachte gleichzeitig auch die Reichsinsignien in seinen Besitz. An Silvester musste Heinrich IV. vor der Fürstenversammlung in der Pfalz Ingelheim abdanken. Zwar gelang ihm zu Beginn des Jahres 1106 die Flucht und er konnte erneut einige Anhänger gewinnen. Doch bevor es zur entscheidenden Schlacht kommen konnte, starb Heinrich IV. in Lüttich. Der Bann des Papstes war noch immer über ihn verhängt. Er verzieh jedoch seinem Sohn auf dem Totenbett und bat darum, diesem seinen Ring und sein Schwert zu überbringen.

IB

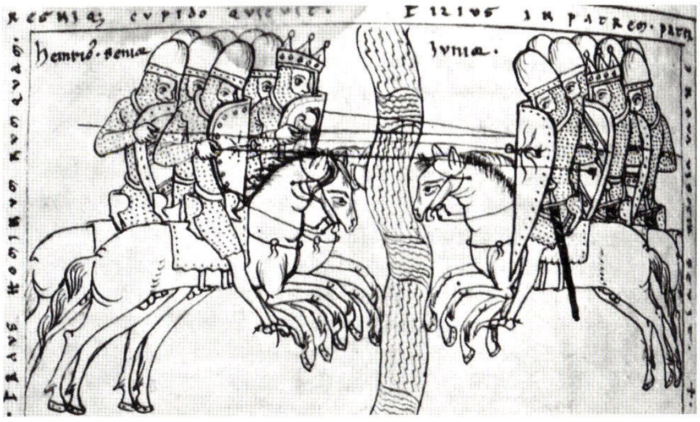

Abb. 16
Die Heere Heinrichs IV. und Heinrichs V. treffen am Fluss Regen aufeinander
Weltchronik des Otto von Freising (1. Hälfte des 12. Jahrhunderts)
Thüringer Universitäts- und Landesbibliothek, Ms. Bos. q. 6, 91 v

Abb. 17
Heinrich IV. übergibt die Reichsinsignien an seinen Sohn Heinrich V.
Die Darstellung aus der Chronik des Ekkehard von Aura (ca. 1106) vermittelt den Eindruck, die Übergabe der Reichsinsignien sei friedvoll und in gegenseitigem Einvernehmen erfolgt.
Staatsbibliothek Berlin, Stiftung Preußischer Kulturbesitz, Ms. Lat. Fol. 295, 99 r

Abb. 18 (Seite 20)
Porträt Heinrichs IV. aus der Sächsischen Weltchronik (um 1255)
Staatsbibliothek Berlin, Stiftung Preußischer Kulturbesitz, Ms. Germ. Fol. 129, 81 v

In deme ch · l

godes bort · he

de

de

rik

an dat rike · h

augusto · unde

»Eine Zeit großer Trübsale« – Heinrich IV. im Bild des 19. Jahrhunderts

Im Jahre 1838 beschloss der Senat der Freien Stadt Frankfurt auf Initiative von Philipp Veit, dem damaligen Direktor der Städel-Schule, den Kaisersaal im Römer mit »guten und möglichst getreuen Bildnissen« aller römisch-deutschen Kaiser und Könige von Karl dem Großen bis Franz II. neu auszustatten. Fürsten und Städte, adlige und bürgerliche Mäzene, Stiftungen und Vereine in ganz Deutschland beteiligten sich an dem Projekt. Die Darstellung Heinrichs IV. von Otto Mengelberg fand keine Zustimmung, das abgelehnte Bild wanderte schließlich in das Depot des Historischen Museums Frankfurt, wo es sich noch heute befindet. Die malerische Qualität und die Art der Darstellung können kaum der Grund für die Zurückweisung des Bildes gewesen sein; es müssen inhaltliche Apekte zur Ablehnung geführt haben.

Die am Kaisersaal-Projekt beteiligten Künstler waren zwar gehalten, möglichst authentische Bildnisse zu liefern, was aber bei den mittelalterlichen Kaisern kaum zu leisten war. Darstellungen Heinrichs IV. auf Münzen und Siegeln, in liturgischen Handschriften oder illustrierten chronikalischen Werken des 11. und 12. Jahrhunderts zeigen lediglich den »Typus« König, mal mit kürzerem, mal mit längerem Vollbart oder auch, wie bei der berühmten Darstellung des kniefälligen Königs aus der Vita Mathildis des Donizo, ganz bartlos. Die Maler des 19. Jahrhunderts konnten auch kaum an Vorlagen späterer Jahrhunderte anknüpfen: Buchillustrationen, die den König vor den Mauern von Canossa oder die Abdankung zugunsten seines Sohnes zeigen, sind in einigen deutschen Geschichtswerken der frühen Neuzeit lediglich als optische Merkposten eingestreut, wollen aber kein eigenständiges Bild Heinrichs entwerfen.

Abb. 19
Heinrich IV. von Otto Mengelberg (1818–1890)
Dieses Gemälde von Mengelberg wurde für die Ausstattung des Kaisersaales im Frankfurter Römer abgelehnt.
Historisches Museum Frankfurt am Main

Abb. 20
Heinrich IV. in Canossa (1836) von Carl Joseph Begas (1794–1854)
Rheinisches Bildarchiv Köln Nr. 49239

Das persönliche Schicksal des Salierkönigs, der ein halbes Jahrhundert wechselvoller Geschichte erlebt, erlitten und selbst mitgestaltet hatte, fand erst im ausgehenden 18. Jahrhundert das Interesse der Literatur und der bildenden Kunst. Die Historienmalerei, die sich bis dahin weitgehend aus dem Fundus der antiken Mythologie und Geschichte, der Bibel und der Heiligenviten bedient hatte, entdeckte mit der beginnenden Romantik die mittelalterliche Geschichte des eigenen Landes überhaupt erst als lohnendes Sujet. Das Zeitalter der Empfindsamkeit liebte Episoden, die den Betrachter anrühren oder aufwühlen sollten. Bernhard Rode, Hofmaler Friedrichs des Großen, fand im Leben Heinrichs IV. solche Geschichten, zum Beispiel den »Staatsstreich von Kaiserswerth« 1062, die Entführung des zwölfjährigen Heinrich durch Erzbischof Anno von Köln. Bei Rode gleicht der junge König, unfreiwillig komisch, einem puppenhaften flügellosen Putto, der zwischen Bordwand und Wellen schwebt, während der Erzbischof und seine Mittäter theatralisch die Hände himmelwärts erheben.

Eine intensive künstlerische Beschäftigung mit Heinrich IV. beginnt aber eigentlich erst mit dem preußischen Minister Karl Friedrich Freiherr vom Stein, der mit der von ihm initiierten Sammlung mittelalterlicher Quellen »Monumenta Germaniae Historica« wichtige Anstöße für die Wissenschaft wie für die Malerei des Historismus gab. Für den großen Saal seines Schlosses im westfälischen Cappenberg plante Stein 1823 die Ausstattung mit Bildern aus der deutschen Vergangenheit. Er schwankte dabei zwischen der Geschichte des ersten deutschen Königs Heinrich I., des »Letzten Ritters« Maximilian I. und Heinrichs IV. Aber schließlich verwarf Stein die Epoche des Saliers, denn »es ist eine Zeit großer Trübsale. Bürgerlicher und Religionskrieg verheerten das unglückliche Vaterland, das alte Kaisertum ward in seinen Grundfesten erschüttert«, schrieb er dem Leiter der Düsseldorfer Akademie. »So ereignis- und bedeutungsvoll das Leben Heinrichs IV. ist, so erscheint es doch zu tragisch, zu unglücklich, als dass es für einen zum geselligen Vergnügen bestimmten Saal könnte gewählt werden«.

Gerade in den preußischen Akademien von Berlin und Düsseldorf nahm die Geschichtsmalerei in Deutschland einen gewaltigen Aufschwung. Als 1836 der Berliner Maler Heinrich Löwenstein sein Gemälde »Kaiser Heinrich IV. pilgert mit Frau und Kind über die verschneiten Alpen nach Rom, um sich von dem Bann zu lösen« ausstellte und sein Kollege Carl Begas »Heinrich IV. in Canossa« und »Das verlassene Grab Heinrichs IV.« zeichnete, war der Salier in der Kunstszene endgültig angekommen. Solche Themen, die wie seine Entführung den Konflikt mit der Kirche als Leitmotiv im Leben des Königs schildern, wurden von vielen Künstlern in den folgenden Jahren und Jahrzehnten immer wieder aufgegriffen. Moritz August von Bethmann Hollweg, Rechtshistoriker an der Universität Bonn und später preußischer Kultusminister, bestellte bei seinem Freund Begas eine Gemäldefassung der Canossa-Szene für Burg Rheineck bei Breisig, die er 1832 erworben und durch J. C. von Lassaulx hatte ausbauen lassen. Das Bild erhielt einen Ehrenplatz im künftig »Canossazimmer« genannten Speisesaal. Bethmann Hollweg begründete die Wahl des Themas so: »Der Gegenstand hat mir manchen Vorwurf zugezogen. Ich bin aber immer noch der Meinung, dass dieser tragische Vorgang den großen Kampf des Mittelalters zwischen Kirche und Staat würdig repräsentiert.« Die Physiognomie Gregors VII. erinnert an Porträts der Renaissancepäpste Julius II. und Paul III., also eher an Herrscher als an Hirten. Heinrich IV. gleicht dagegen in seinem härenen Gewand einem Gottesknecht, der für sein Volk und Land leidet. Der Investiturstreit zwischen Imperium und Sacerdotium spiegelt in mittelalterlicher Verkleidung die aktuelle Auseinandersetzung zwischen dem protestantisch geprägten preußischen Staat und der katholischen Kirche des Rheinlandes wider, die 1837/38 im Kölner Kirchenstreit in der Mischehenfrage ihren Höhepunkt erleben sollte. Das Bild Heinrichs IV. sollte im 19. Jahrhundert politisch besetzt bleiben. Die 1830er Jahre sind auch die Blütezeit der Historiendichtung: Dramen, Balladen, Versepen und Novellen gestalteten mittelalterliche Stoffe. Adelheid von Stolterfoth dichtete 1835 mit dem »Rheinischen Sagen-Kreis« einen Zyklus von Romanzen, Balladen und Legenden des Rheins, darunter »Kaiser Heinrich IV. in Bingen« und »Kaiser Heinrich IV. auf der Flucht in Hammerstein«, zwei Episoden aus dem tragischen Vater-Sohn-Konflikt. Alfred Rethel hat die Szenen illustriert und den Typus des greisen Kaisers kreiert, den der Schmerz über den missratenen Sohn niederwirft.

Zurück in das Frankfurt des Jahres 1840: Otto Mengelberg hatte Heinrich IV. mit finsterem Blick gemalt, in der Hand die Bannbulle Gregors VII., eine Darstellung, die angesichts der zahlreichen Spiegelungen der konfessionellen Auseinandersetzungen in der aktuellen Bilderproduktion als eindeutige Parteinahme gegen die katholische Kirche interpretiert werden konnte. Der streng katholische Philipp Veit verstand das Bild offensichtlich als Provokation. Er konnte sich durchsetzen und Mengelbergs Bild verhindern. Es ist bezeichnend, dass dieser noch im selben Jahr zum Protestantismus konvertierte. Die für Heinrich IV. im Kaisersaal vorgesehene Stelle blieb nicht leer: Johann Ihlée malte 1845/46 den in einen Kettenpanzer gehüllten König, der in der Linken die Fahne mit dem Reichsadler, in der Rechten eine Krone hält, die der auf dem Grabmal des Gegenkönigs Rudolfs von Schwaben im Dom von Merseburg nachgebildet ist. Mit dem rechten Fuß tritt Heinrich auf einen Schild, auf dem »Rex Rudolfus« steht, und im Hintergrund sind die Saale und der Dom von Merseburg zu erkennen. Der König erscheint hier als Streiter für die Einheit des Reiches, ein weiteres Thema in der Ikonografie Heinrichs IV., das Künstler immer wieder beschäftigen sollte. Die Statue des Saliers in der Vorhalle des Speyerer Doms von Anton Fernkorn setzt das Gemälde als Plastik um.

Der sichtliche Erfolg mittelalterlicher Sujets, sei es bei den Ankäufen öffentlicher Museen, sei es beim

Abb. 21
Heinrich IV. (1845/46) von Johann Ihlée (1812–1885)
Akg-images GmbH, Bild Nr. 1-H150-A1845

bürgerlichen Publikum, ließ auch die Bildproduktion von Szenen aus der Geschichte Heinrichs IV. in den drei Jahrzehnten nach 1840 gewaltig ansteigen, nicht nur in den preußischen Akademien in Berlin und Düsseldorf. Auf ein Gedicht von Wolfgang Müller von Königswinter 1838 geht die Anregung zu einem weiteren beliebten Thema zurück: ein Mönch oder Pilger am Sarg des im Kirchenbann gestorbenen Herrschers. Das romantisch-melancholische Motiv des Eremiten in der Einsamkeit verbindet sich dabei mit der Vorliebe des Publikums, »das immer gern auch die Ohnmacht der Mächtigen (sah). Ein toter oder sterbender Herrscher war stets ein wirkungsvolles Sujet« (Börsch-Supan). Im selben Jahr malte Alfred Rethel eine Ölskizze, die den aufgebahrten Leichnam vor einer verschlossenen Kapelle zeigt, beklagt von einem in die Knie gesunkenen betenden Mönch. Ein verhülltes Kruzifix und eine zerbrochene Glocke verweisen auf das Interdikt. Nach der gescheiterten Revolution von 1848, die nicht die ersehnte deutsche Einheit gebracht hatte, veränderten die Künstler das Motiv: Der Eremit kniet nun vor einem Katafalk, der mit dem Adler des Reiches geschmückt ist: Es gibt keinen Kaiser (mehr), auch Deutschland selbst liegt danieder. Karl Ludwig Rosenfelder lässt auf seinem Gemälde von 1861 Landleute vor dem Sarg des Gebannten in der ungeweihten Afrakapelle des Speyerer Domes beten und erinnert daran, dass gerade das einfache Volk Heinrich IV. wie einen heiligen Wundertäter verehrte.

Abb. 22
Am Sarg Heinrichs IV. von Heinrich Karl Anton Mücke (1806–1891)
Diese Zeichnung ist eines der Beispiele für das Sujet des Eremiten am Sarg des toten Kaisers Heinrich IV. Mit dem Reichsadler auf dem Sarg des Kaisers wurde vom Künstler die Trauer über die 1848 nicht verwirklichte deutsche Einheit zum Ausdruck gebracht. Zeichnung aus dem Besitz des Autors

Natürlich reizte die Konfrontation von geistlicher und weltlicher Gewalt in Canossa auch weiterhin die Künstler in besonderem Maße, aber die politische Aussage variiert: Hermann Plüddemanns König (1862) ähnelt zwar dem Begas'schen König, aber hier ist er kein armseliger Sünder, sondern ein selbstbewusster Herrscher, der genau überlegt, was er tut. Die Insignien seiner Macht, Krone und Schwert, die zu seinen Füßen liegen, hat er sicher nur zeitweilig abgelegt. Ähnlich wie Plüddemann stellt der Münchener Maler Eduard Schwoiser in der historischen Galerie des Maximilianeums den König dar (ebenfalls 1862): Dieser stolze Herrscher folgt der Staatsräson, aber er kriecht nicht zu Kreuze. Beide Male stehen Gregor VII. und Mathilde auf dem Söller der Burg als eher randständige Beobachter, die vor der Größe des Königs zurückstehen müssen.

Mit der Bismarckschen Reichsgründung geht das Interesse an mittelalterlichen Themen in der Geschichtsmalerei zurück. Gefragt sind Darstellungen aus den siegreichen Kämpfen von 1870/71 und aus der Geschichte der Hohenzollern. Episoden aus dem hohen Mittelalter, dem »Ersten Reich«, sind dann interessant, wenn sie als Vorbild für das »Zweite Reich« verstanden werden können. Der Düsseldorfer Fritz Roeber stellte 1883 den Empfang des greisen Heinrich IV. durch die Bürger von Köln 1106 dar, die ihn im Kampf mit seinem Sohn unterstützten, Hermann Prell 1884 die Überreichung der Stadtprivilegien an die Wormser Bürger 1074 und Hermann Wislicenus, der Sieger im Wettbewerb zur Ausmalung der Kaiserpfalz Goslar, malte 1890 den Einzug Heinrichs IV. in die Stadt Mainz 1105, wo er freundlich durch die treuen Bürger empfangen wird. Diese Solidarität der städtischen Bürger des Mittelalters mit ihrem Herrscher erscheint wiederum bewusst als »ferner Spiegel«: Das Reich Wilhelms I. ruht wie das mittelalterliche Reich (auch) auf dem Bündnis von Kaiser und Bürgern.

Zentrales Denkmal der Inanspruchnahme des mittelalterlichen Reiches durch das Bismarck-Reich ist die 1877–1897 von Wislicenus ausgemalte Goslarer Kaiserpfalz. Dieser wiederholte noch einmal alle bekannten Szenen aus der fünfzigjährigen Regierungszeit des Königs und erweiterte das Repertoire

Abb. 23
Szene am Sarkophag Heinrichs IV. (1861) von Karl Ludwig Rosenfelder (1813–1881)
Der Sarg Heinrichs IV. war zwischen 1106 und 1111 in der ungeweihten Afrakapelle des Speyerer Doms aufgebahrt, bis er nach der Lösung des Kirchenbannes durch Heinrich V. endlich im Königschor bestattet werden konnte.
Rheinisches Bildarchiv Köln, Nr. 14213

Abb. 24
Heinrich IV. 1105 in Mainz (1890) von Hermann Wislicenus (1825–1899)
Als der Konflikt zwischen Heinrich IV. und seinem Sohn Heinrich V. im Jahr 1105 offen ausbrach, war Mainz eine der letzten Städte, die treu zu Heinrich IV. hielt.
Fresko an der Westwand des Reichssaales in der Kaiserpfalz Goslar.

Abb. 25
Heinrich IV. in Canossa (1862) von Eduard Schwoiser (1826–1902)
Stiftung Maximilianeum München

um einige Szenen: Die Fürsten huldigen dem in der Wiege liegenden Heinrich, der Sechsjährige am Totenbett seines allzu früh verstorbenen Vaters und der Kaiser im Gefängnis zu Böckelheim, bedient von der kleinen Hildegard von Bingen. Das Bild Heinrichs und seiner Getreuen in Canossa war zunächst als eines der Hauptbilder vorgesehen, wurde aber auf politischen Einspruch zurückgezogen, denn »nach Canossa gehen wir nicht« hatte bekanntlich Bismarck 1872 erklärt; die Szene wurde in ein kleines Sockelbild verbannt.

Nach Beendigung des Kulturkampfes war Canossa kein konfessionell und politisch aufgeheiztes Thema mehr, und im Aufbruch zur Moderne ließ die Kunst die traditionelle Geschichtsdarstellung hinter sich. Erst in der NS-Zeit wurde der Kirchenkampf noch einmal thematisiert. Schon lange vor 1933 geplant, vollendete Ludwig Cauer zwischen 1934 und 1937 seine Salier-Statuen, die 1941 im Speyerer Dom aufgestellt werden sollten und die heute im Domgarten stehen. Das Domkapitel wehrte sich gegen die Darstellung Heinrichs IV., der einem Wolf eine Krone vom Kopf zu reißen versucht. Es sah in dem Wolf eine verächtlich machende Darstellung des Papstes, während die Vertreter von Staat und Partei das Tier beschwichtigend als Symbol der deutschen Zwietracht interpretierten.

Abb. 28 (Seite 27)
Heinrich V. hat Schwert und Ring von Heinrich IV. erhalten
Sächsische Weltchronik (um 1225). Staatsbibliothek Berlin, Stiftung Preußischer Kulturbesitz, Ms. Germ. Fol. 129, 99 r

Abb. 26
Statue Heinrichs IV. (1934–1937) von Ludwig Cauer (1866–1947)
Sie befindet sich heute mit den anderen von Cauer geschaffenen Salier-Statuen im Speyerer Domgarten.

Neben der Statue von Adolf Fernkorn ist Heinrich doch noch ein zweites Mal im Dom dargestellt worden: auf dem monumentalen bronzenen Westportal von Toni Schneider-Manzell, und zwar als schlichte Büßergestalt, die an die Tür von Canossa klopft, das Haupt mit einer Kapuze verhüllt, ein christlicher Herrscher, der nicht taktiert, sondern aus seiner tiefen Glaubensüberzeugung heraus handelt (1968). Wie in Speyer sind in der Gegenwart auch andernorts eher lokalhistorische Bezüge Anlass für eine künstlerische Beschäftigung mit Heinrich IV., so in Worms, wo Gerhard Pallasch 1958 in einem Mosaik die Überreichung der großen Privilegien als Ersatz für das kriegszerstörte Prellsche Bild darstellte, oder im Westchor der Katharinenkirche Oppenheim, wo Heinz Hindorf 1980 in einem Fenster auch Heinrich IV. einen Platz einräumte, der von hier aus 1076 nach Canossa aufgebrochen war. Unsere Gegenwart hat keinen Sinn mehr für die großen Tragödien. Folgerichtig findet Heinrich IV. seinen Platz als Narr in Luigi Pirandellos Drama »Enrico IV« (deutsch 1925). Die Zeit der Religionskriege und Kirchenkämpfe ist auf dem Boden des einstigen Heiligen Reiches vorbei – und damit auch Heinrichs IV. als Sujet der bildenden Künste.

AN

Abb. 27
Heinrich IV. durch Anno von Köln geraubt (1867) von Anton von Werner (1843–1915)
Darstellung der Entführung des zwölfjährigen Heinrich IV. im Jahr 1062 durch Erzbischof Anno von Köln. Stadtmuseum Düsseldorf

de en swert sinne sone vn
en vingeren · vnde vmbo
eme he ne hadde des rike

eme
nich
men
ghe
laten
dat

sulue hadde he eme nu gh
lant · Dar na starf de gre
ve diderich van cathelen

Herrscherbildnis des 21. Jahrhunderts: Die Gesichtsrekonstruktion Heinrichs IV.

Die wissenschaftlichen Methoden der Medizin, der Anthropologie, der Paläopathologie und anderer Disziplinen machen es im 21. Jahrhundert möglich, eine historische Persönlichkeit nicht nur indirekt durch schriftliche und gegebenenfalls bildliche Quellenüberlieferung lebendig und erfahrbar zu machen, sondern auch direkt durch eingehende Untersuchung der sterblichen Überreste, die Aufschlüsse über Krankheiten, Umwelteinflüsse und Lebensbedingungen sowie über das Aussehen der Person zulassen.

Alle heute gängigen Methoden kamen der Gesichtsrekonstruktion Kaiser Heinrichs IV. zur Anwendung. Ausgangsbasis waren lediglich die drei im Jahr 1900 bei der Öffnung der Saliergräber aufgenommenen Fotografien seines Schädels. Um eine Basis für die dreidimensionale virtuelle und die reale Gesichtsrekonstruktion zu haben, musste zunächst aus den zweidimensionalen Fotografien ein dreidimensionaler Schädel hergestellt werden. Dies geschah durch die Arbeit der Forschungsgruppe um Jürgen Hesser. Seine Schädelrekonstruktion diente Jörg Subke und Richard Helmer als Grundlage für ihre Gesichtsrekonstruktionen, während Ursula Wittwer-Backofen direkt von den Schädelfotografien ausging.

Unsere bisherigen Hinweise zum Aussehen Heinrichs IV. sind dürftig. Mittelalterliche Quellen sprechen allenfalls von »schönem Körper und hohem Wuchs« oder davon, dass sein Antlitz einen »Scheu erregenden Glanz« gezeigt habe, doch nach Angaben über Haar- und Augenfarbe oder besondere körperliche Merkmale sucht man vergebens. Was also neben der reinen Gesichtsform Augen- und Haarfarbe betrifft, müssen anthropologische Erkenntnisse über die Salier und die Physiognomie der Menschen Mitteldeutschlands im hohen Mittelalter herangezogen werden, denn zeitgenössische Darstellungen zeigen Heinrich IV. eher in seinem Herrscheramt denn als Individuum. Dennoch kann die Gesichtsrekonstruktion Heinrichs IV. die Forschung in der Frage, inwieweit mittelalterliche Herrscherporträts individuelle Züge tragen, einen Schritt weiterbringen.

IB

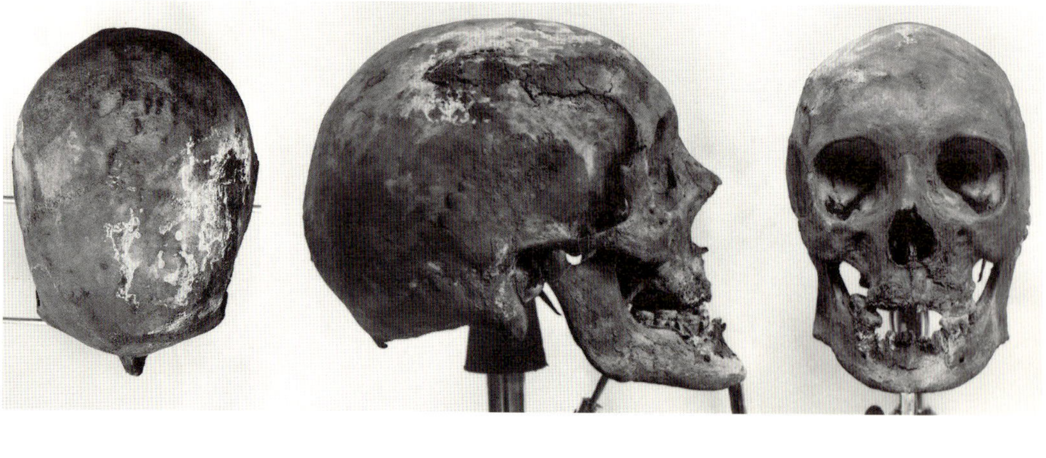

Abb. 29
Drei Ansichten des Schädels von Heinrich IV.
Fotografien 1900.
Historisches Museum der Pfalz Speyer

Rekonstruktion des Schädels Heinrichs IV.

Wie sah Heinrich IV. aus? Wir wissen es nicht, denn es gibt keine zeitgenössischen Bilder von ihm, von denen wir sicher wissen, dass er darauf abgebildet ist. Lediglich drei Fotos von der Öffnung der Kaisergräber im Jahre 1900 im Speyerer Dom existieren. Sie zeigen seinen Schädel von drei Ansichten. Können wir daraus seinen Kopf rekonstruieren? Man müsste die Frage verneinen, wenn man die herkömmlichen Techniken anwenden würde. In der Arbeitsgruppe für Computergrafik und medizinische Bildverarbeitung an der Universität Mannheim arbeiten wir seit kurzem an ähnlichen Problemen, nämlich der Synthese von dreidimensionalen Modellen aus wenigen Aufnahmen. Wir haben dazu schon neue, schnelle Verfahren der tomografischen Rekonstruktion entwickelt (wie man sie zum Beispiel für Computertomografen verwenden kann), aber auch Verfahren mit schneller Stereobildrekonstruktion, bei denen man aus den Bilddaten die Position und die Eigenschaften der Kameras schätzen kann. In dem gegebenen Fall waren jedoch neue Ansätze gefragt, da die bisherigen Techniken mehr als nur drei Fotos benötigen, die zudem noch in großen Winkeln zueinander aufgenommen wurden. Ebenso waren nur rudimentäre Informationen über die Geometrie des Schädels vorhanden. Wir haben versucht, teilweise manuell, teilweise automatisiert zu arbeiten. Dabei gingen wir folgendermaßen vor: Zuerst schätzten wir die Kameraparameter und anhand dieser Daten haben wir dann ein vorhandenes Modell so verformt, dass es in den Ansichten möglichst gut mit den Fotos übereinstimmte.

Die Schätzung der Kameraparameter ist hierbei ein großes Problem. Die Strukturen, die auf dem Schädel zu erkennen sind, waren leider nicht ausreichend, um die fehlenden Parameter zu schätzen. Also mussten wir einige vereinfachende Annahmen treffen, sodass wir am Ende eine in sich konsistente Lösung erzielen konnten. Wir nahmen dabei an, dass nur eine einzige Kamera verwendet wurde und dass die Abstände von der Kamera zum Schädel bei allen drei Fotos immer gleich waren. Den Abstand zwischen Kamera und Schädel schätzten wir ab, indem wir die Fotografie des Schädels von oben betrachteten und die Breite von Schädel und Augenwulst in Relation zu der Vorderansicht berücksichtigten. Daraus ließen sich der Öffnungswinkel und in etwa der Abstand der Kamera schätzen. Leider zeigte sich, dass der Kiefer in der seitlichen und frontalen Aufnahme einmal geschlossen und einmal leicht geöffnet war. Dies noch zu berücksichtigen, wäre zu komplex geworden, sodass wir diesen Aspekt vernachlässigen mussten. Damit schließlich die Höhe und die Breite der drei Aufnahmen einigermaßen passten, nahmen wir an, dass die Ansichten nicht perfekt zueinander senkrecht waren, das heißt, die Kamera noch ein wenig verkippt war. Dies wurde explizit berücksichtigt.

Diese Vorarbeit war die Basis für den eigentlichen Kernpunkt unseres Ansatzes, der Deformation eines Modellschädels, sodass dieser aus den vorher bestimmten Ansichten mit den Fotografien möglichst gut übereinstimmt. Dazu haben wir von Herrn Dr. Diehl aus der Radiologie am Klinikum Mannheim einen computertomografischen (CT) Datensatz erhalten, bei dem der Schädel mit dem von Heinrich IV. möglichst gut korrespondiert. Aus diesem Datensatz wurde mittels geeigneter Verfahren der Bildverarbeitung zuerst der Knochen extrahiert.

Bei der Deformation des Schädels wurden augenfällige Strukturen wie die Silhouette, die Augenhöh-

Abb. 30
Modellschädel
ICM, Mannheim

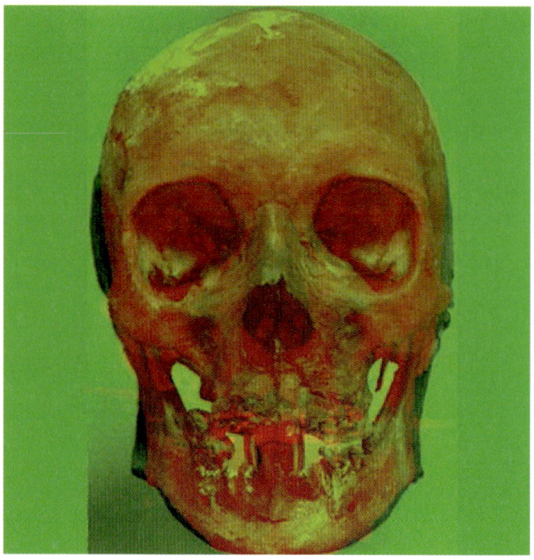

Abb. 31
Überlagerung des Modellschädels mit der Originalansicht
ICM, Mannheim

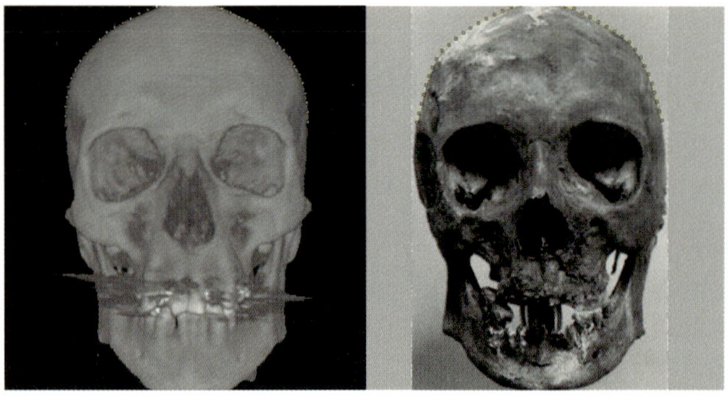

Abb. 32
Eingezeichnete Linien der Silhouetten für die Schätzung der Deformation
ICM, Mannheim

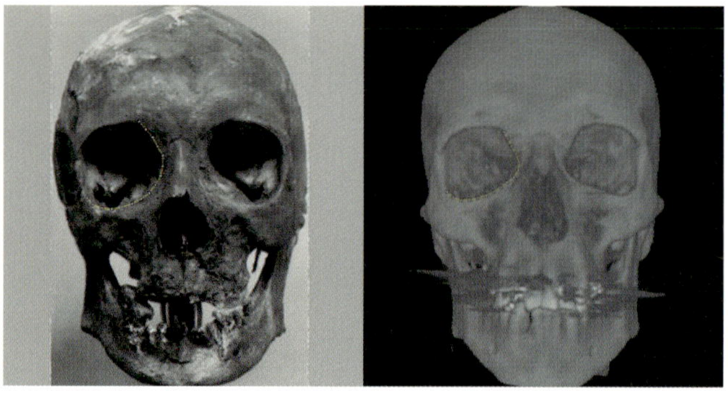

Abb. 33
Eingezeichnete Linien auffälliger Strukturen zur Schätzung der Deformation
ICM, Mannheim

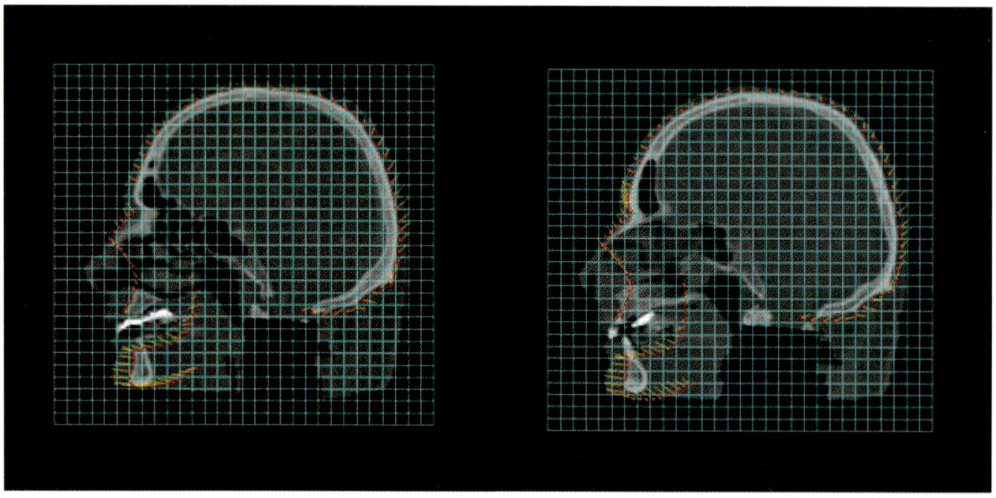

Abb. 34
Verschiebungen (gelbe Linien) zeigen an, wie der Schädel deformiert wurde, um die gewünschte Form zu erzielen
ICM, Mannheim

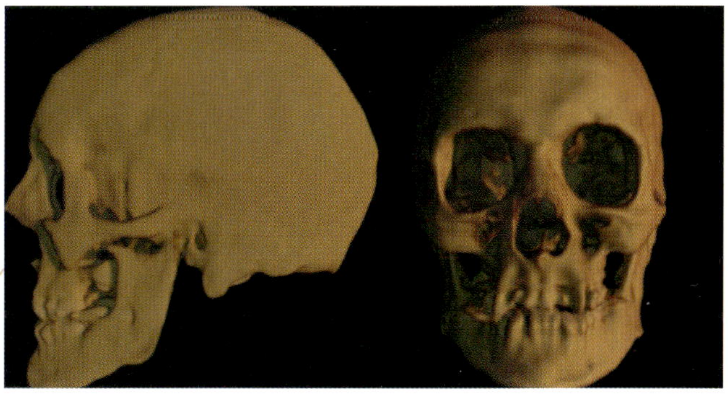

Abb. 35
Ergebnis nach der Deformation
ICM, Mannheim

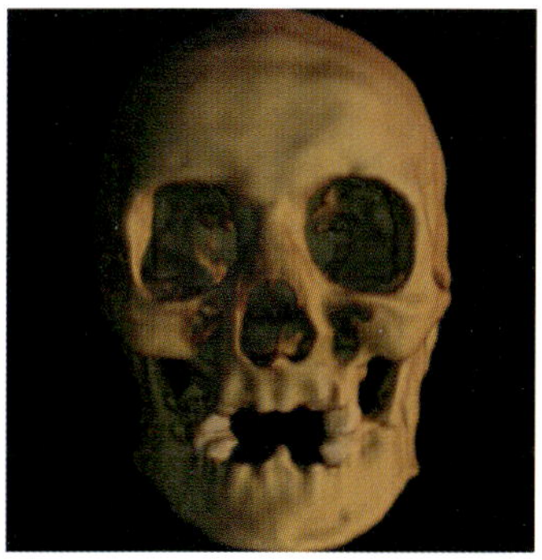

Abb. 36
Ergebnis nach Entfernen von CT-Artefakten und deformierter Zähne
ICM, Mannheim

len usw. auf der Fotografie sowie auf dem CT-Schädel über ein von uns entwickeltes Programm per Hand eingezeichnet. Danach wurde der CT-Schädel so lange verzerrt, bis in den gegebenen Ansichten die eingezeichneten Strukturen auf dem deformierten CT-Schädel perfekt mit denen auf der Fotografie übereinstimmten. Eine solche Deformation nennt man Morphing. Leider sind klassische Ansätze des Morphings hier nicht nutzbar, da wir zweidimensionale Bilder und dreidimensionale Modelle haben, für die bisher keine geeigneten Verfahren entwickelt wurden. Daher mussten wir einen speziellen Algorithmus entwickeln und implementieren, der dieses Problem löst, indem er wiederholt von verschiedenen Ansichten die Verschiebungen zwischen den Strukturen bestimmt wurde. Dann wurde dieses als Basis für eine Deformation des Modells verwendet. Dabei war vor allem darauf zu achten, dass eine Deformation, die von einer Ansicht ausgeht, nicht von einer anderen Ansicht aus wieder kompensiert wurde. Letztendlich waren wir erfolgreich und konnten ein in sich konsistentes Modell realisieren.

In einem weiteren Schritt musste dieser deformierten Schädel aufgearbeitet werden. Zuerst mussten die Zahnfehlstellungen entfernt werden. Wir haben dabei die Zähne einfach aus dem Datensatz eliminiert. Weiterhin mussten Artefakte aus dem CT entfernt werden. Schließlich galt es, die Daten so aufzubereiten, dass sie von zwei weiteren Spezialisten, die sich auf Weichteilrekonstruktion konzentrieren, genutzt werden konnten. Diese Aufbereitung bestand vor allem darin, einen dreidimensionalen Volumendatensatz (den man sich als Stapel von zweidimensionalen Schnitten vorstellen kann) in einen Oberflächendatensatz zu konvertieren (den man sich als ein Netz von Dreiecken vorstellen kann, das die Oberfläche beschreibt). Da die Oberflächendaten noch sehr groß waren, mussten diese mit konventionellen Methoden aus der Computergrafik reduziert werden, bevor wir sie an zwei andere Wissenschaftler schicken konnten: Prof. Subke von der Fachhochschule Gießen-Friedberg (virtuelle Weichteilmodellierung) sowie Dr. Seitz vom Forschungsinstitut Caesar in Bonn (Erstellung eines Stereolithografie-Schädelmodells aus Kunststoff). Das Kunststoffmodell wurde dann Prof. Helmer in Kiel zugeschickt, der daraus ein Wachsmodell des Kopfes herstellte.

Insgesamt haben an dem Projekt fünf Wissenschaftler der Arbeitsgruppe für Computergrafik und medizinische Bildverarbeitung von Herrn Dr. Hesser am Interdisziplinären Zentrum für Computergestützte Medizin (ICM) in Mannheim zwischen Dezember 2005 und Mitte Februar 2006 neben ihrer eigentlichen Doktorarbeit gearbeitet. Es sind dies Nico Becherer, Dennis Maier, Dimitry Maksimov, Dzmitry Stsepankou sowie Lei Zheng.

JH

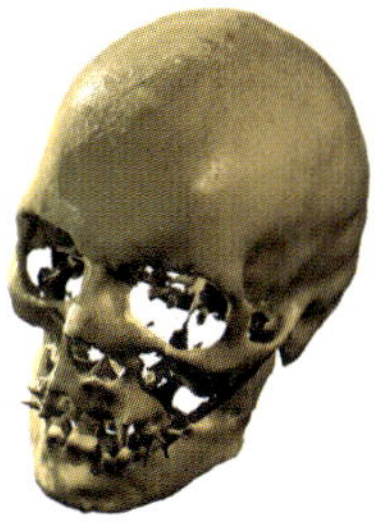

Abb. 37a

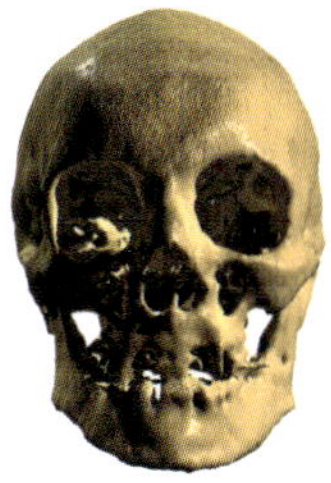

Abb. 37b

Abb. 38a

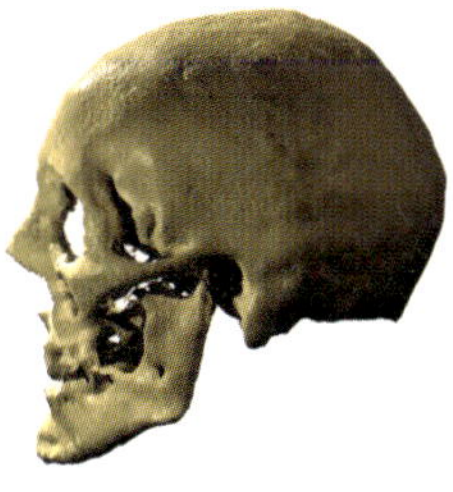

Abb. 38b

Verschiedene Ansichten des Schädels nach Oberflächenextraktion gerendert und beleuchtet
ICM Mannheim

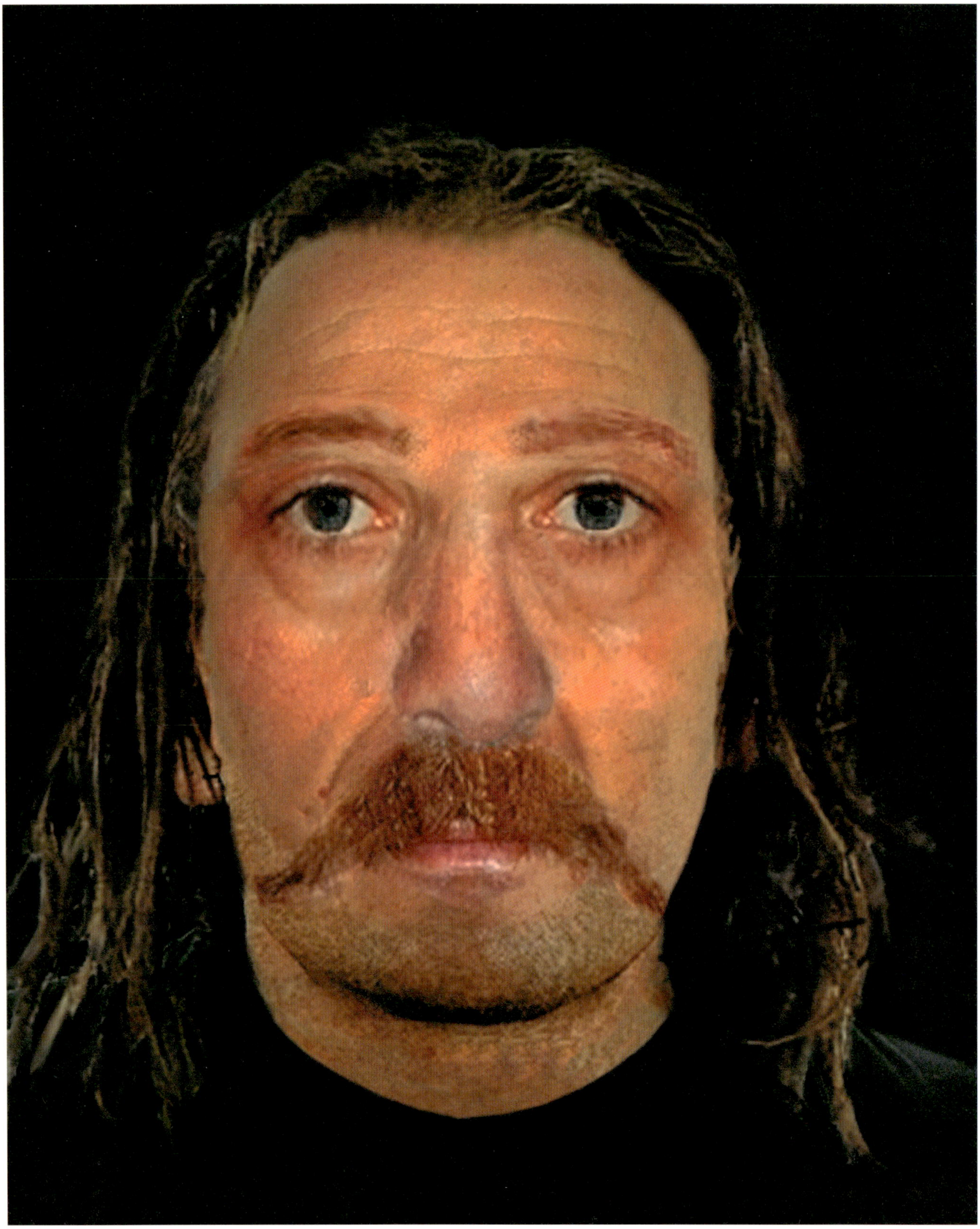

Abb. 39
Gesichtsrekonstruktion Heinrichs IV. nach der Computersuperpositions-Methode
Ursula Wittwer-Backofen, Universität Freiburg

Des Kaisers neues Gesicht durch Computersuperposition

Das Gesicht eines verstorbenen Menschen lässt sich auf der Grundlage des knöchernen Schädels rekonstruieren. Hierbei macht man sich zu Nutzen, dass Form und Maße des Schädels das individuelle Gesicht prägen. Weiterhin kennen wir die mittlere Stärke der Muskel- und Hautauflagerungen an verschiedenen Stellen des Gesichtes und die Position bestimmter Punkte des Gesichtes im Verhältnis zu seiner knöchernen Grundlage.

Die Gesichtsrekonstruktion ist ein spezielles Anwendungsgebiet der forensischen Anthropologie, das insbesondere zur Identifizierung unbekannter und unkenntlicher Leichenfunde eingesetzt wird. In den letzten fünfzig Jahren haben sich verschiedene Methoden etabliert, wobei die klassische Vorgehensweise das direkte Modellieren des Gesichtes mit Plastilin oder Ton auf den Schädel vorsieht. Diese Methode ist jedoch zeitlich aufwändig und erzielt ein »schaufensterpuppenartiges« Aussehen, was das Wiedererkennen einer bestimmten Person erschwert. Als Museumspräparate können diese Arbeiten jedoch mit hohem Aufwand künstlerisch so gut aufbereitet werden, dass die Modelle von einem realen Gesicht kaum zu unterscheiden sind. In zunehmendem Maße werden aber auch computertechnische Verfahren eingesetzt, die auf die gleichen wissenschaftlichen Daten zurückgreifen, jedoch virtuelle Gesichter erzeugen. Bewährt hat sich bereits die zweidimensionale Methode, auch als Computersuperposition bekannt. Hierzu wird ein digitales Foto des Schädels (zumeist in Frontalansicht) im Computer mit passenden Gesichtselementen realer Gesichter überlagert. Dabei bedient man sich einer Bilddatenbank, die eine Vielzahl männlicher und weiblicher Gesichter aller Altersgruppen und ethnischen Zugehörigkeiten beinhaltet. Die Bilddatenbank sollte die große individuelle Variabilität menschlicher Gesichter möglichst vollständig abdecken, um zu gewährleisten, dass geeignete Gesichtsteile für alle Schädelformen bereit stehen.

Eine derartige Bilddatenbank existiert in Deutschland im Bundeskriminalamt in Wiesbaden. Dort wird sie üblicherweise für die Phantombilderstellung nach Zeugenaussagen verwendet. Seit einigen Jahren kooperiert das Anthropologische Institut der Universität Freiburg mit dem Bundeskriminalamt, um die dort gesammelten Gesichtsbilder auch für Gesichtsrekonstruktionen nutzen zu können. Mittels geeigneter Computerprogramme zur Bildverarbeitung können beliebige Teile vorhandener Gesichter ausgeschnitten und auf dem Schädel platziert, gestreckt oder gestaucht werden, bis sich die Passpunkte von Schädel und Gesicht decken. Wie ein Mosaik wird dann Stück für Stück das neue Gesicht zusammengesetzt. Eine unendliche Anzahl an Kombinationen neuer Gesichter wird dadurch möglich.

Wie findet man nun die »richtigen« Gesichtsteile für Heinrich IV. und wie werden diese passgenau platziert? Da der Schädel nach der anthropologischen Untersuchung vor gut einhundert Jahren wieder bestattet wurde, liegen für die Arbeiten ausschließlich gute damalige Fotografien des Schädels in verschiedenen Ausrichtungen vor. Dadurch lässt sich ein guter Eindruck des Gesichtsreliefs gewinnen. Zunächst wird aus dem Bildbestand ein Grundgesicht gesucht, das zu der Umrissform des Schädels passt. Bei Heinrich IV. ist ein breiter Unterkieferwinkel auffällig, dem ein breites Untergesicht entspricht. Berücksichtigt man zusätzlich das abgeflachte knöcherne Kinn, so ergibt sich ein kantiges rechteckiges Gesicht. Das Sterbealter von Heinrich IV. wird mit 56 Jahren an-

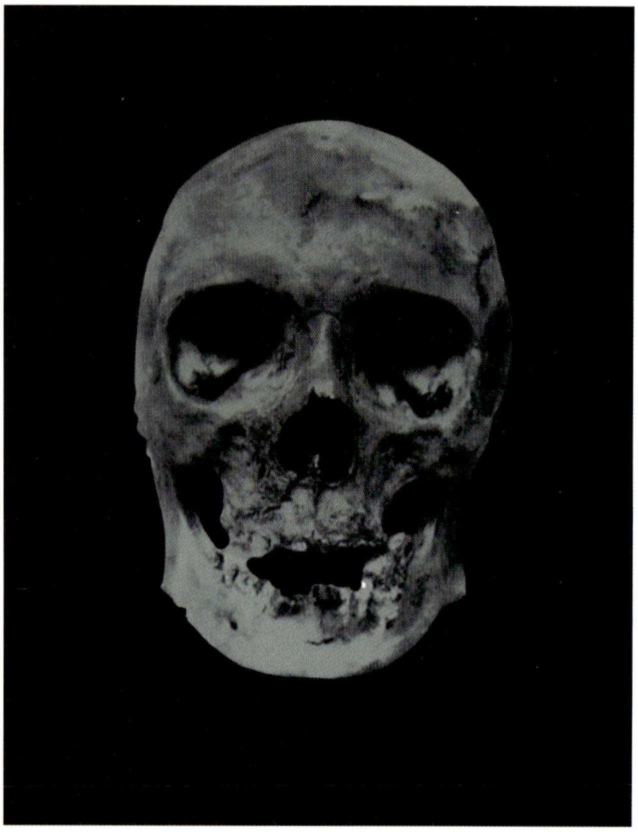

Abb. 40
Frontalaufnahme des Schädels Heinrichs IV. nach der anthropologischen Untersuchung vor rund einhundert Jahren
Historisches Museum der Pfalz Speyer

gegeben, die Suche in der Bilddatenbank beschränkt sich daher auf die Altersklasse zwischen fünfzig und sechzig Jahren. Es zeigte sich schnell, dass das ausgewählte Grundgesicht an mehreren Stellen nicht dem Schädel entspricht. Die Kinnpartie musste beispielsweise komplett aus einem anderen Gesicht ersetzt werden. Die ebenso auffälligen großen und hohen knöchernen Augenhöhlen erfordern auch große Augäpfel und ein hohes Oberlid. Dies sowie das niedrige Kinn und das flache Augenbrauenrelief geben dem Gesicht trotz der männlich kantigen Gesichtsform eine fast schon weibliche Note. Die breite knöcherne Nasenöffnung mit sehr langen Nasenbeinen zeigt an, dass das Gesicht eine kräftige Nase besessen haben muss, wobei die Nasenspitze aber weder überhängt noch nach oben zeigt. Trotz der ausschließlich aus Weichgewebe bestehenden Nasenspitze lässt sich deren Ausrichtung am knöchernen Nasenboden bestimmen. Bei Heinrich IV. fällt eine Asymmetrie der Nase auf. Deren Mittellinie verläuft nicht genau in der Mittellinie des Gesichtes, sondern weicht zur Nasenspitze hin immer stärker nach links ab. Dies lässt sich jedoch nicht, wie häufig bei derartigen Abweichungen, auf einen verheilten Nasenbeinbruch zurückführen, sondern muss als individuelle Besonderheit angesehen werden, die so stark ausgeprägt war, dass sie auch aufgefallen sein dürfte.

Ähnliche anatomische Zusammenhänge ermöglichen die Gestaltung des Mundbereiches. Die Breite der Mundspalte richtet sich nach der Kieferpartie: Die Mundwinkel liegen auf der Höhe der vorderen Vorbackenzähne, die Mundspalte liegt auf der Kauebene und damit exakt auf Höhe des Zahnabschlusses im Oberkiefer. Vorspringende Zähne erzeugen den Eindruck fülliger Lippen und die Breite der mittleren Schneidezähne im Oberkiefer bestimmt den Oberlippeneinschnitt. Auf diese Weise werden alle Gesichtspartien mit zahlreichen Detailinformationen ausgestaltet, wobei Übergänge zwischen Gesichtspartien unterschiedlicher Gesichtsvorlagen unsichtbar sein sollen, damit sich das Gesicht nach Fertigstellung wie ein Passbild darstellt. Bezüglich der Hauttextur, der Farbgestaltung, Falten- und Furchenbildung, Haupthaar- und Barttracht sowie individueller Besonderheiten wie Narben, Muttermale oder Ähnlichem sind der Methode jedoch Grenzen gesetzt. Soweit vorhanden, können Hinweise genutzt werden.

Zeitgenössische Darstellungen Heinrichs IV. zeigen ihn mit einem ausladenden Schnauzbart. Das wurde zum Anlass genommen, auch bei unserer Rekonstruktion einen derartigen Bart einzufügen. Augen- und Haarfarbe werden mit einem mitteleuropäischen Durchschnittswert gestaltet. Aus später geklärten Kriminalfällen wissen wir um den Wiedererkennenswert unserer Gesichtsrekonstruktionen. Hätte man das Bild Heinrichs gleichnamigem Sohn gezeigt, wären sicher einige Abweichungen im Detail aufgefallen, er hätte aber wohl zugegeben, dass der Typ getroffen ist, denn Gesichtsproportionen und -formen müssen den tatsächlichen Gegebenheiten entsprochen haben. Vielleicht hätte Heinrich V. gesagt, dass es sich bei dem Bild um einen Bruder seines Vaters handeln könnte.

UWB

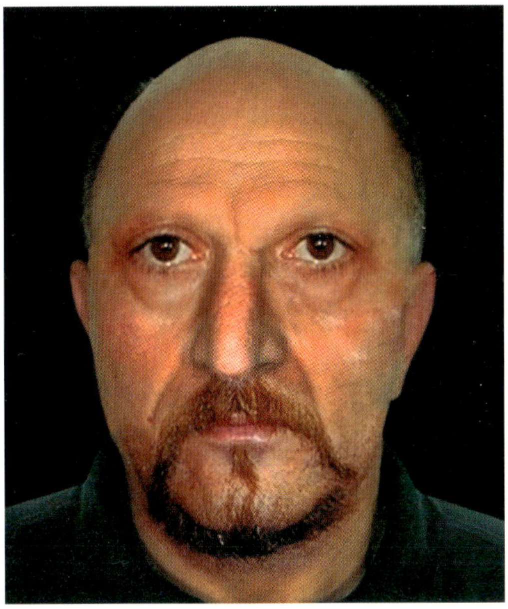

Abb. 41
Zwischenschritt der computergesteuerten Superposition. Stirn und Gesicht wurden aus verschiedenen Ausgangsbildern kombiniert.
Ursula Wittwer-Backofen, Universität Freiburg

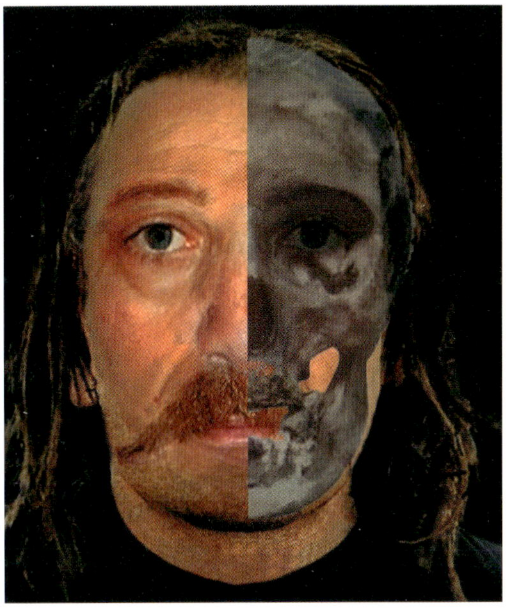

Abb. 42
Passgenauigkeit des Gesichtes auf dem eingeblendeten Schädel. Konturen und Positionen der Gesichtselemente können auf diese Weise kontrolliert werden.
Ursula Wittwer-Backofen, Universität Freiburg

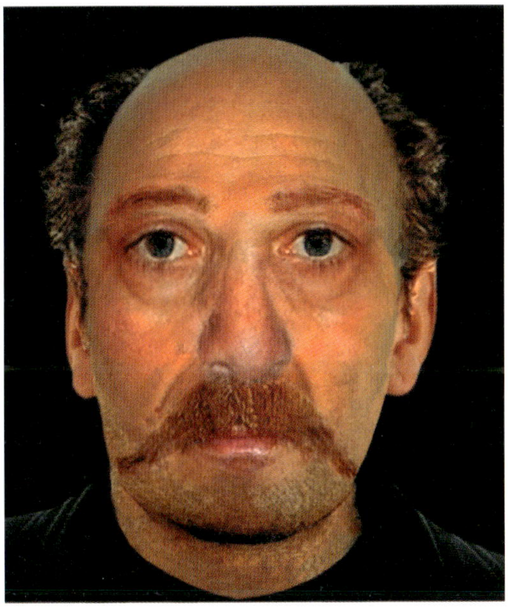

Abb. 43
Eine andere Variation der Rekonstruktion mit Halbglatze
Ursula Wittwer-Backofen, Universität Freiburg

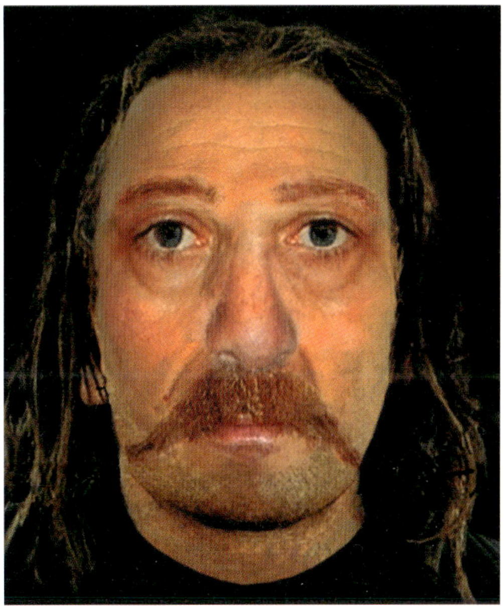

Abb. 44
So könnte Heinrich IV. ausgesehen haben. Individuelle Details wie Hautunregelmäßigkeiten, Haar- und Barttracht oder Faltenbildung sind jedoch Interpretationen, die sich nicht aus dem Schädel erschließen lassen.
Ursula Wittwer-Backofen, Universität Freiburg

Gesichtsrekonstruktion nach der »Gießener Methode«

In der Anthropologie und der Archäologie kann die Rekonstruktion eines Gesichtes auf der Basis eines knöchernen Schädels nützliche Informationen erschließen. Sie gibt Aufschluss über das Aussehen historischer Personen und Persönlichkeiten.

Von den skelettierten Überresten Kaiser Heinrichs IV. stehen Fotos sowie anthropometrische Daten zur Verfügung, die eine Rekonstruktion seines Gesichtes mit modernen computergestützten Methoden zulassen. Für die Gesichtsrekonstruktion im Biomechaniklabor der Fachhochschule Gießen wird eine neu entwickelte Modelliermethode angewendet, eine Kombination aus digitaler Freihandmodellierung und CAD-Konstruktion. Neu an der »Gießener Methode« ist der Einsatz einer speziellen CAD-Software und eines 3D-Eingabegerätes, einer Art dreidimensional funktionierender Computermaus. Dieses Eingabegerät (Bezeichnung des Herstellers: Phantom 3D) besteht aus insgesamt fünf Teilen, die über Drehgelenke miteinander verbunden sind. Der am Ende befindliche Griff kann – ähnlich einem Stift oder dem Griff eines Modellierwerkzeugs – im Raum verschoben und gedreht werden. Über die Winkelstellung der einzelnen Teile wird die Position des Griffes gemessen, in den digitalen dreidimensionalen Raum übertragen und zur Darstellung des virtuellen Werkzeugs auf dem Bildschirm verwendet. An diesem digitalen Werkzeuggriff lassen sich Werkzeugköpfe befestigen, die in Form und Größe variiert werden können. Mit diesen Geräten lässt sich Material auf- und abtragen sowie glätten oder verformen, ganz wie die einzelnen Arbeitsschritte es erfordern. Mit dem Werkzeug lassen sich die digitalen Werkstücke ertasten, was man haptisches Feedback nennt. Das haptische Feedback wird dadurch realisiert, dass der Abstand zwischen dem Werkzeugkopf und dem Werkstück ständig gemessen wird und im Kontaktfall einen mechanischen Widerstand am Phantom 3D auslöst. Dieser Widerstand wird elektrotechnisch in den Gelenken des Eingabegerätes erzeugt, sodass eine weitere Bewegung durch die Oberfläche des Werkstücks verhindert oder nur durch erhöhten Kraftaufwand möglich wird.

Die Fotos des Schädels werden zunächst zur Weiterverarbeitung im Computer eingescannt und in einem speziellen Programm zu einem dreidimensionalen Modell des Schädels aufgebaut. Der Schädel wird mit virtuellen Materialeigenschaften ausgestattet, die eine Bearbeitung durch die Werkzeugköpfe unmöglich machen. Auf diese Weise kann die knöcherne Struktur nicht versehentlich beschädigt werden. Die Weichteilschichten und Marker werden aus virtuellem Ton gefertigt, das heißt, das Material hat die Eigenschaften wie Festigkeit und Körnigkeit von Ton und wird über das Phantom 3D als solcher ertastet und verformt.

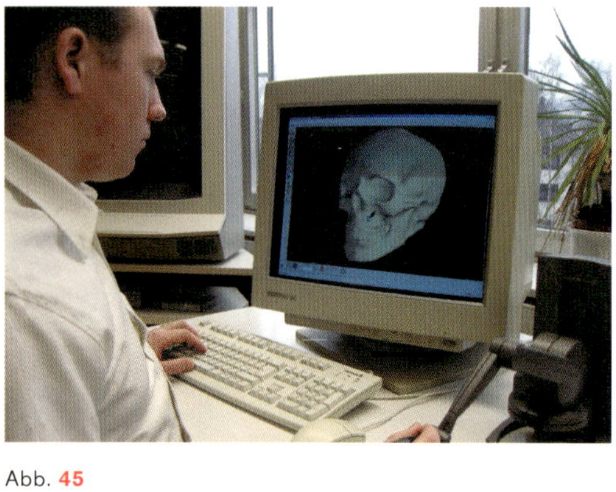

Abb. 45
Arbeit mit dem 3D-Eingabegerät »Phantom 3D«
Biomechanik-Labor, Fachhochschule Gießen-Friedberg

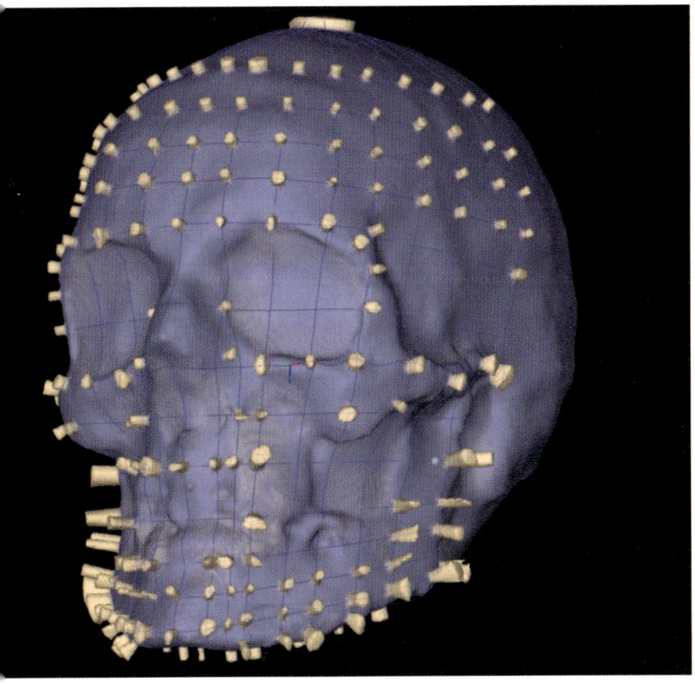

Abb. 46
Dreidimensionaler Schädel Heinrichs IV. mit den Markern, die die charakteristische Weichteildicke an verschiedenen Stellen des Schädels kennzeichnen.
Biomechanik-Labor, Fachhochschule Gießen-Friedberg

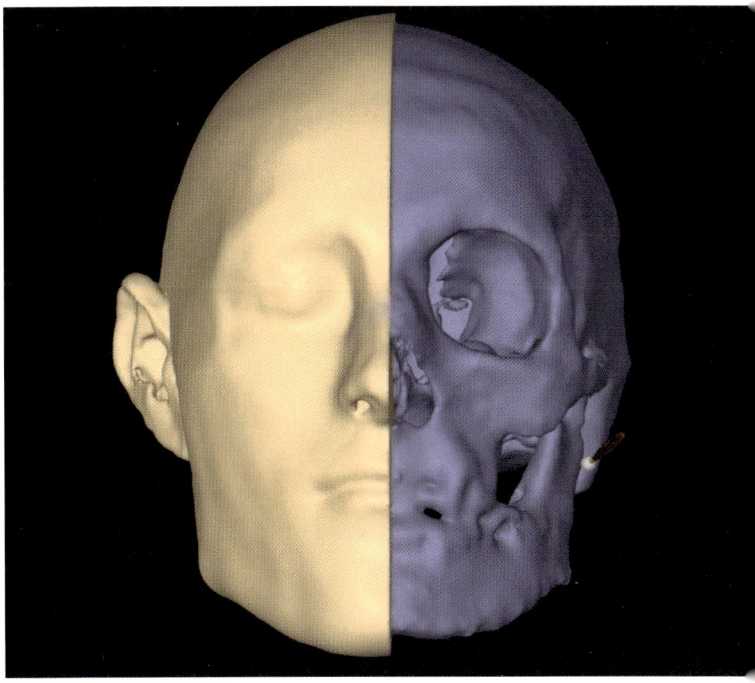

Abb. 47
Frontalansicht des virtuellen Schädels Heinrichs IV.
Die linke Seite dieser Ansicht zeigt bereits die zwischen den Weichteilmarkern ausgefüllte Gesichtsfläche.
Biomechanik-Labor, Fachhochschule Gießen-Friedberg

Grundsätzlich wird bei der Rekonstruktion des Gesichtes davon ausgegangen, dass der Schädel den maßgeblichen Anteil an der Formgebung des Gesichts hat. Das Weichteilgewebe aus Muskeln, Fett und Haut wird als eine den Knochen bedeckende Schicht betrachtet. Der Zusammenhang zwischen Weichteilschicht und Schädelknochen ist Gegenstand einer Vielzahl anthropologischer Untersuchungen, in denen die Weichteilstärke an anatomisch charakteristischen Stellen des Schädels gemessen wurde. Die Untersuchungen ergaben, dass die Weichteildicken geschlechts-, rassen- und altersabhängig sind.

Den anatomisch charakteristischen Stellen aus den Untersuchungen entsprechend werden Marker auf das Schädelmodell aufgebracht, die der durchschnittlichen Dicke der Weichteilschicht aus Muskeln, Fettgewebe und Haut entsprechen. Um das Auftragen der Weichteilmasse zu erleichtern, werden weitere Marker gesetzt, und um eine gleichmäßige Oberfläche wie auf der linken Bildseite zu erreichen, werden die Marker graduell der Höhe der Ausgangsmarker angepasst. Die Gesichtsfläche wird durch die Marker in einzelne Felder unterteilt, die später mit Hilfe von Raumkurven, die zwischen den Markerendpunkten verspannt werden und die als Begrenzungslinien dienen, automatisch mit Weichteilmaterial ausgefüllt werden. In diesen Arbeitsschritten werden die verschiedenen CAD-Funktionen des Modelliersystems eingesetzt. Es kann natürlich jederzeit manuell nachgearbeitet werden.

Prinzipielle Schwierigkeiten bei der Rekonstruktion bestehen überall dort, wo keine knöchernen Strukturen am Schädel vorhanden sind, die die Weichteilschicht formen, wie an Augen, Nase, Mund und Ohren. Um die Darstellung dieser kritischen Partien zu erleichtern, wird auf eine virtuelle Organdatenbank zurückgegriffen, in der bereits vorgeformte oder eingescannte »Spenderorgane« gespeichert sind. Augen, Lippen, Nasen und Ohren aus dieser Datenbank können auf die richtige Größe skaliert und an den entsprechenden Stellen des Gesichtes eingesetzt werden. Die Übergänge und individuelle Charakteristika werden dann mit dem Modellierwerkzeug Phantom 3D bearbeitet. Mittels des CAD-Programms können Ebenen durch das Werkstück gelegt werden. Diese Ebenen erleichtern die Orientierung im Raum und das Einhalten der Proportionen und Symmetrien. Die Vorteile dieser digitalen Methode bestehen in der Kombination aus intuitivem, kreativem Modellieren und der gleichzeitigen Nut-

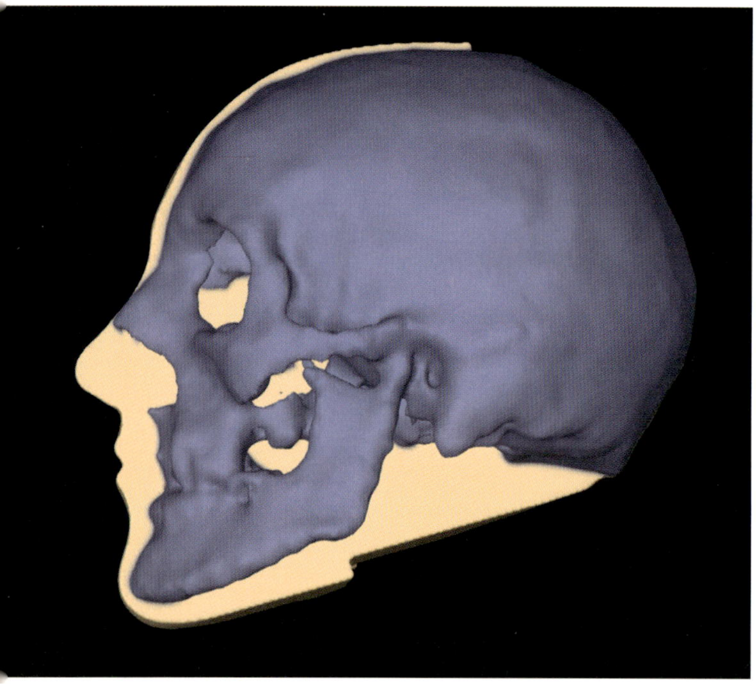

Abb. 48
Seitenansicht mit Ausgangsschädel und virtuell modellierter Gesichtsfläche
Biomechanik-Labor, Fachhochschule Gießen-Friedberg

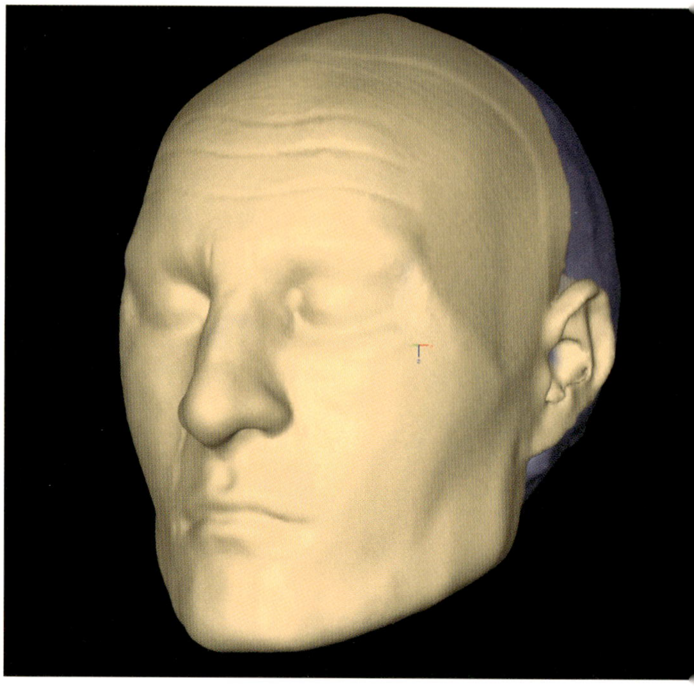

Abb. 49
Zwischenergebnis der Gesichtsrekonstruktion Heinrichs IV.
mit eingesetzten Augen, Nase, Lippen und Ohren. Außerdem wurde die virtuelle Hautschicht mit Alterungsspuren versehen.
Biomechanik-Labor, Fachhochschule Gießen-Friedberg

zung von CAD-Funktionen. Dies erlaubt ein individuelles Gestalten der Gesichtszüge und vereinfacht gleichzeitig die Arbeitsschritte, die festgelegten Parametern folgen und daher (teil-) automatisiert werden können. Mit relativ geringem Aufwand können Varianten gebildet werden, was den Identifikationsprozess erleichtern kann. Ergebnis des Rekonstruktionsprozesses ist ein dreidimensionales Modell des Kopfes, das von allen Seiten betrachtet werden kann. Die kosmetische oder maskenbildnerische Ausgestaltung des Gesichtes kann ebenso wie das Einsetzen der Gesichtsorgane über eine 3D-Datenbank erfolgen. In dieser Datenbank sind zum Beispiel unterschiedliche Frisuren und Barttrachten abgespeichert, die der rekonstruierten Person angepasst und farblich variiert werden können. Hautmerkmale, Narben und andere Auffälligkeiten, soweit man von ihnen Kenntnis hat, können eingearbeitet werden. Sogar Spuren des Alterns können dargestellt werden. Auch hier ist es möglich, bestimmte Muster der Hautalterung über die gesamte Gesichtsoberfläche zu legen und manuell zu individualisieren.

Nicht nur mittelalterliche Darstellungen, sondern auch der anthropologische Untersuchungsbericht aus dem Jahr 1900 scheinen sich bezüglich Kaiser Heinrichs IV. an typisierende Darstellungen zu halten. Tatsächlich aber hat es der Betrachter mit einem markanten Gesicht mit eher niedriger Stirn, starker Nase, einem breiten Unterkiefer mit starkem Unterbiss zu tun. Schönheit liegt – auch in diesem Fall – im Auge des Betrachters.

JS, GS

Abb. 50 (Seite 39)
Endergebnis der Gesichtsrekonstruktion Heinrichs IV. nach der »Gießener Methode«
Biomechanik-Labor, Fachhochschule Gießen-Friedberg

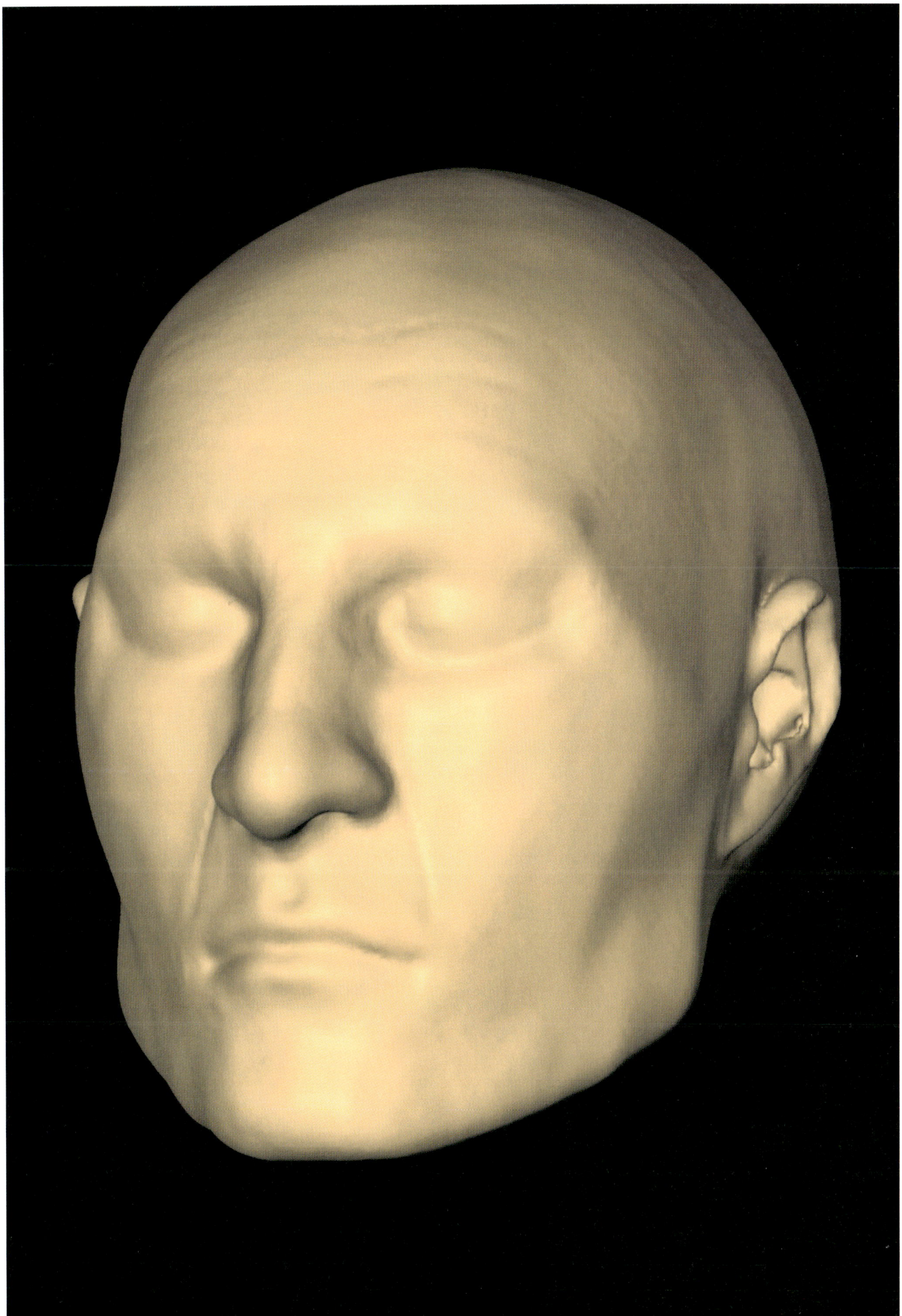

Die plastische Gesichtsrekonstruktion

Bereits seit gut einhundert Jahren entwickeln und perfektionieren Wissenschaftler Verfahren, um durch eine Rekonstruktion der Weichteile auf einem Schädel das Gesicht der betreffenden Person wieder erstehen zu lassen. Nach heutiger Vorgehensweise sind dabei zunächst die Grundmerkmale eines Schädels zu diagnostizieren, da ihnen ein entscheidender Einfluss auf die Physiognomie zukommt. Es sind dies die Formeigentümlichkeiten der Rasse, des Geschlechtes, des erreichten biologischen Lebensalters und der Konstitution. Diese grundtypischen Merkmale sind teilweise eng verknüpft mit anderen individuellen Merkmalen, nämlich den morphologischen Folgen von Verletzungen und Krankheiten, eventuell genetisch bedingten deutlichen Asymmetrien – abgesehen von krankheitsbedingten, mit den Folgen besonderer Lebensgewohnheiten und schicksalsbedingter oder sozialer Einwirkungen. Das optimale Resultat einer plastischen Gesichtsrekonstruktion auf dem Schädel kann nicht das Ergebnis mechanischer Modellierarbeit sein, sondern nur die sorgfältig geplante und durchdachte Rekonstruktion eines Gesichtes als Teil einer, wenn auch unbekannten Persönlichkeit. Im hier vorliegenden Fall Kaiser Heinrichs IV. ist die Identität bekannt, doch eine besondere Schwierigkeit ergibt sich aus dem Fehlen des originalen Schädels. Daher wird sein Gesicht auf einem den Fotografien möglichst genau angepassten Kunststoff-Schädel modelliert. Für die Rekonstruktion eines Gesichtes auf dem Schädel müssen Messwerte der Dicke der Gesichtsweichteile für die wichtigsten Bereiche des Gesichtsschädels zur Verfügung stehen. Diese Messwerte müssen einem Kollektiv entstammen, das der Menschen-

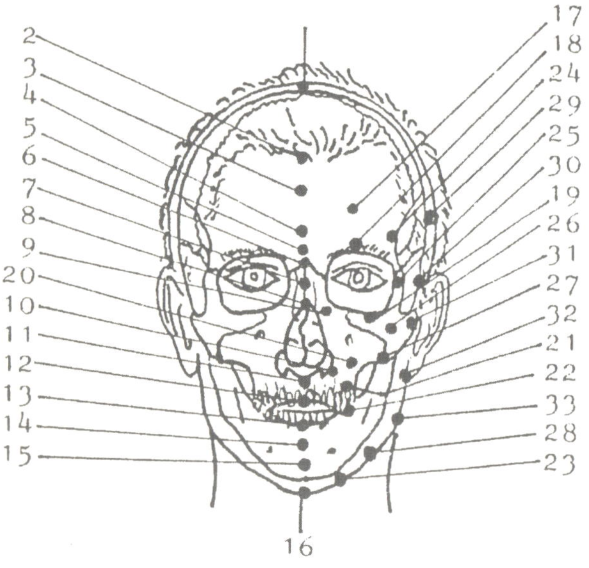

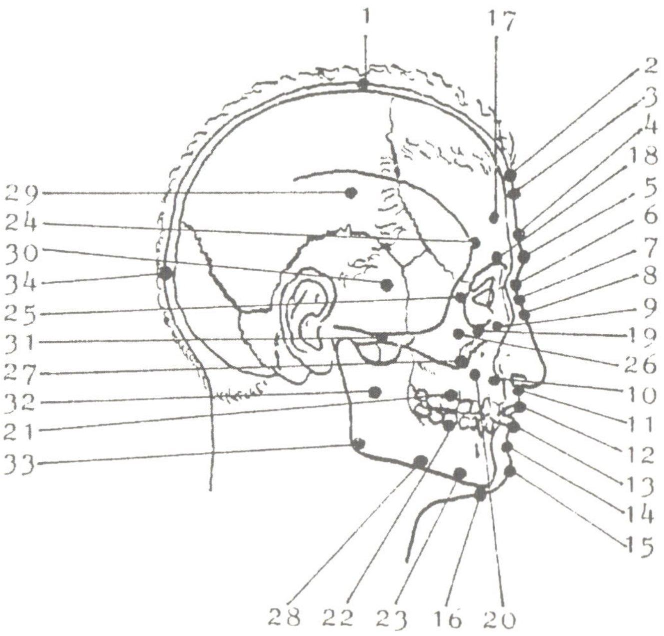

Abb. 51
Messpunkte für Weichteildicken am Kopf
Richard Helmer, Institut für Angewandte Forensische Anthropologie

rasse, dem Geschlecht und dem Lebensalter des Individuums entspricht, dessen Gesicht rekonstruiert werden soll. Die Weichteildicken müssen an lebenden Menschen gemessen worden sein. Messwerte, die an Leichengesichtern ermittelt wurden, sind für die Rekonstruktion eines dem Lebenden entsprechenden Gesichtes ungeeignet. Bei Verwendung von Messwerten von Leichengesichtern kann allenfalls das Gesicht mit dem Aussehen des verstorbenen Individuums resultieren.

Die Ausführung einer Gesichtsrekonstruktion auf dem Schädel gliedert sich in vier Arbeitsabschnitte:

1. Untersuchung des Schädels
Die Untersuchung des Schädels umfasst die Feststellung wichtiger Schädelmaße, das Erfassen und Protokollieren der erwähnten Formeigentümlichkeiten der Schädelknochen, die Anfertigung von orthogonalen Zeichnungen der norma frontalis und lateralis des Schädels von Skizzen vorgeplanter Weichteilformen sowie von Hilfszeichnungen und eine fotografische Dokumentation des Schädels.

2. Ausarbeitung eines Rekonstruktionsplanes
Alle Informationen des betreffenden Untersuchungsfalles, die für die Gestaltung des Gesichtes des unbekannten Individuums relevant erscheinen, werden gesammelt und geordnet. Die Weichteildickenwerte für 34 Messpunkte des Gesichtes und des Kopfes werden entsprechend dem Geschlecht, dem Lebensalter und dem Konstitutionstyp größenordnungsmäßig festgelegt und aus Tabellen entnommen. Für jede Gesichtsregion werden, soweit möglich, Einzelheiten der Morphologie, die modelliert werden sollen, festgelegt. Dabei sind die erwähnten Wechselbeziehungen zwischen Schädelknochen und Weichteilform zu berücksichtigen.

3. Die praktische Modellierarbeit
Als Modelliermasse wird Modellierwachs verwendet. Das Modellierwachs setzt sich aus folgenden Bestandteilen zusammen: 1000 g gebleichtes Bienenwachs, 90 g weißes Plastilin, 90 g weiße oder farbige Künstlerölfarbe. Im flüssigen Zustand des Bienenwachses bei etwa 150 °C werden die Bestandteile zusammengemischt. Für eine plastische Gesichtsrekonstruktion mit Hals und Schulteransatz benötigt man etwa 3 kg Modellierwachs. Zum Gebrauch wird das Wachs in einem Wärmeschrank oder Backofen auf etwa 50 – 60 °C erwärmt, sodass kleinere Mengen entnommen und in einer Flachschüssel auf einem Wärmetisch (oder erwärmt durch eine Rotlichtlampe) gebrauchsfertig gehalten werden können.

Abb. 52
Aufbringen von Modellierwachskämmen auf der linken Schädelseite. Kopfrekonstruktion anhand eines Schädels aus einem Wikingergrab in Haithabu. Richard Helmer, Institut für Angewandte Forensische Anthropologie

An dem auf einem Stativ befestigten Schädel mit angebrachtem Unterkiefer werden zunächst die Formen der großen Kaumuskulatur beiderseits anmodelliert. Danach sind schalenförmige Glasaugen (Prothesen) in den Augenhöhlen in Wachs einzubetten. Es folgt das Aufbringen von Modellierwachskämmen mit der örtlich jeweils vorgegebenen Schichtdicke der Gesichtsweichteile zunächst nur auf der linken Schädelseite. Anschließend werden die Nase, der Mund und die Augenlider modelliert und danach die Lücken zwischen den Modellierwachskämmen mit Wachs ausgefüllt. Nach Fertigstellung der linken Gesichtsseite wird die rechte Seite modelliert und das gesamte Gesicht fein überarbeitet, um ein harmonisches und natürliches Aussehen zu erreichen. Dabei sind die Weichteilformen entsprechend dem Rekonstruktionsplan abschließend zu realisieren, insbesondere die Merkmale des vorgegebenen Lebensalters, des Geschlechtes, der Konstitution und unter Umständen der Rasse. Ohren werden an entsprechender Stelle anmodelliert. Sodann wird der Kopf mit Hilfe einer kurzen Haltestange auf ein Grundbrett montiert und die Rekonstruktion durch Anmodellieren des Halses und des Schulteransatzes fertiggestellt. Danach wird die

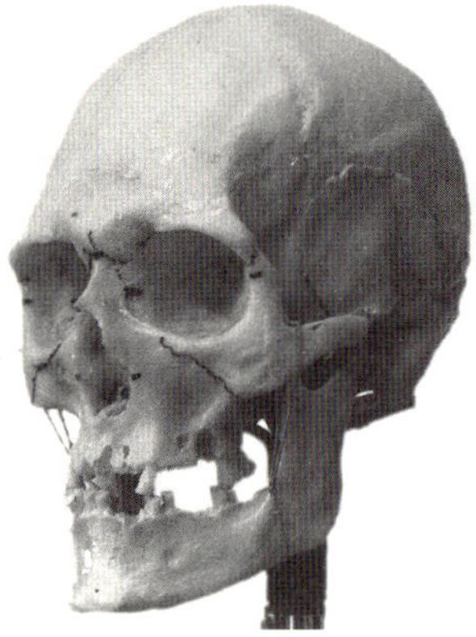

Abb. 53
Schädel aus einem Wikingergrab bei Haithabu
Richard Helmer, Institut für Angewandte Forensische Anthropologie

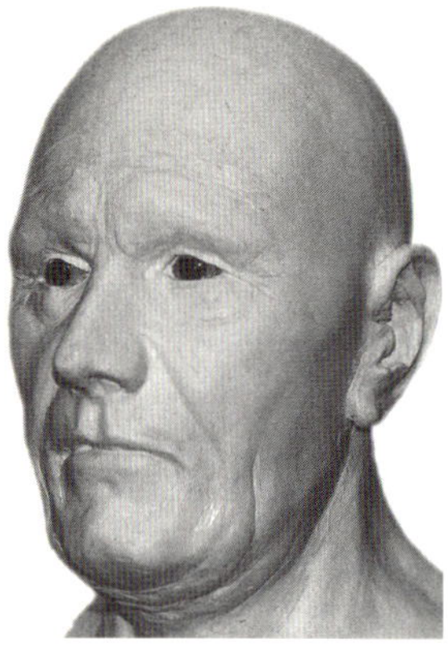

Abb. 54
Plastische Gesichtsrekonstruktion auf einem Schädel aus einem Wikingergrab bei Haithabu vor der maskenbildnerischen Gestaltung
Richard Helmer, Institut für Angewandte Forensische Anthropologie

Abb. 55
Endergebnis der Gesichtsrekonstruktion des »Wikingers« auf einem Schädel aus einem Grabfund bei Haithabu
Richard Helmer, Institut für Angewandte Forensische Anthropologie

Oberfläche mit einem Schabewerkzeug vorgeglättet und anschließend mit Hilfe eines Lösungsmittels endgültig geglättet. Abschließend ist in diesem Zusammenhang zu erwähnen, dass bei der Zielsetzung einer auszuführenden Rekonstruktion zwei Alternativen unterschieden werden können: Dient die Rekonstruktion der Identifikation einer unbekannten, unkenntlichen Leiche im Rahmen kriminalpolizeilicher Ermittlungen, so muss angestrebt werden, soweit möglich, eine individuelle Ähnlichkeit mit dem unbekannten Individuum zu erreichen. Es wäre nicht angebracht, Ausdrucksformen des Gesichtes mit Merkmalen von Mimik oder Charakter zu modellieren. Ein größerer intuitiver Freiraum zur Gestaltung eines zu rekonstruierenden Gesichtes besteht bei der Rekonstruktion von Skulpturen auf Schädeln historischer Persönlichkeiten oder auf archäologischen Schädelfunden.

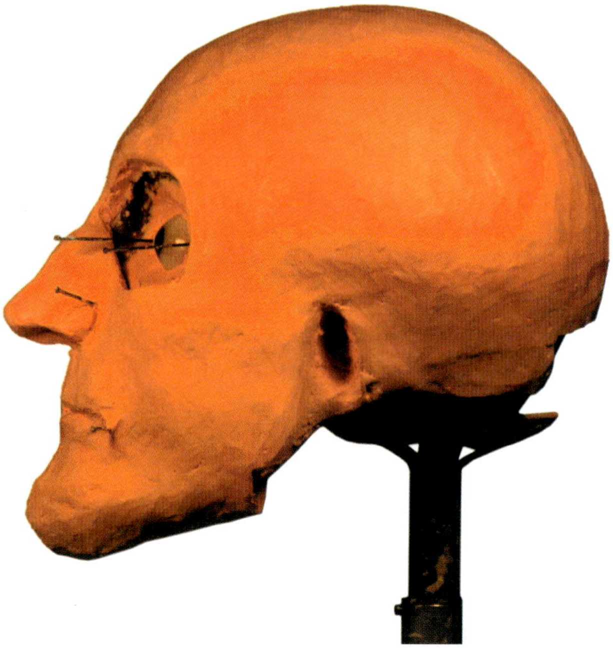

Abb. 56
Seitenansicht eines Zwischenschrittes der Gesichtsrekonstruktion Heinrichs IV.
Richard Helmer, Institut für Angewandte Forensische Anthropologie

4. Die maskenbildnerische Arbeit

Eine fertig modellierte Gesichtsrekonstruktion aus Wachs wirkt auf den Betrachter in der Regel fremdartig und starr. Durch eine maskenbildnerische Bearbeitung kann dagegen ein belebtes und natürliches Aussehen erreicht werden. Das Anfertigen einer natürlich wirkenden Haartracht nach den Maßen des Kopfes, das Aufbringen der Augenbrauen und einer eventuellen Barttracht sowie einer natürlich wirkenden Haarfarbe sollte in Zusammenarbeit mit einem erfahrenen Maskenbildner erfolgen. Prinzipiell ist bei der Gestaltung des »Layouts« einer Gesichtsrekonstruktion zu bedenken, dass es nicht darauf ankommt, etwa ein »gutaussehendes« Gesicht, sondern so gut wie möglich das individuelle Gepräge des Gesichtes der unbekannten Person zu gestalten.

RH

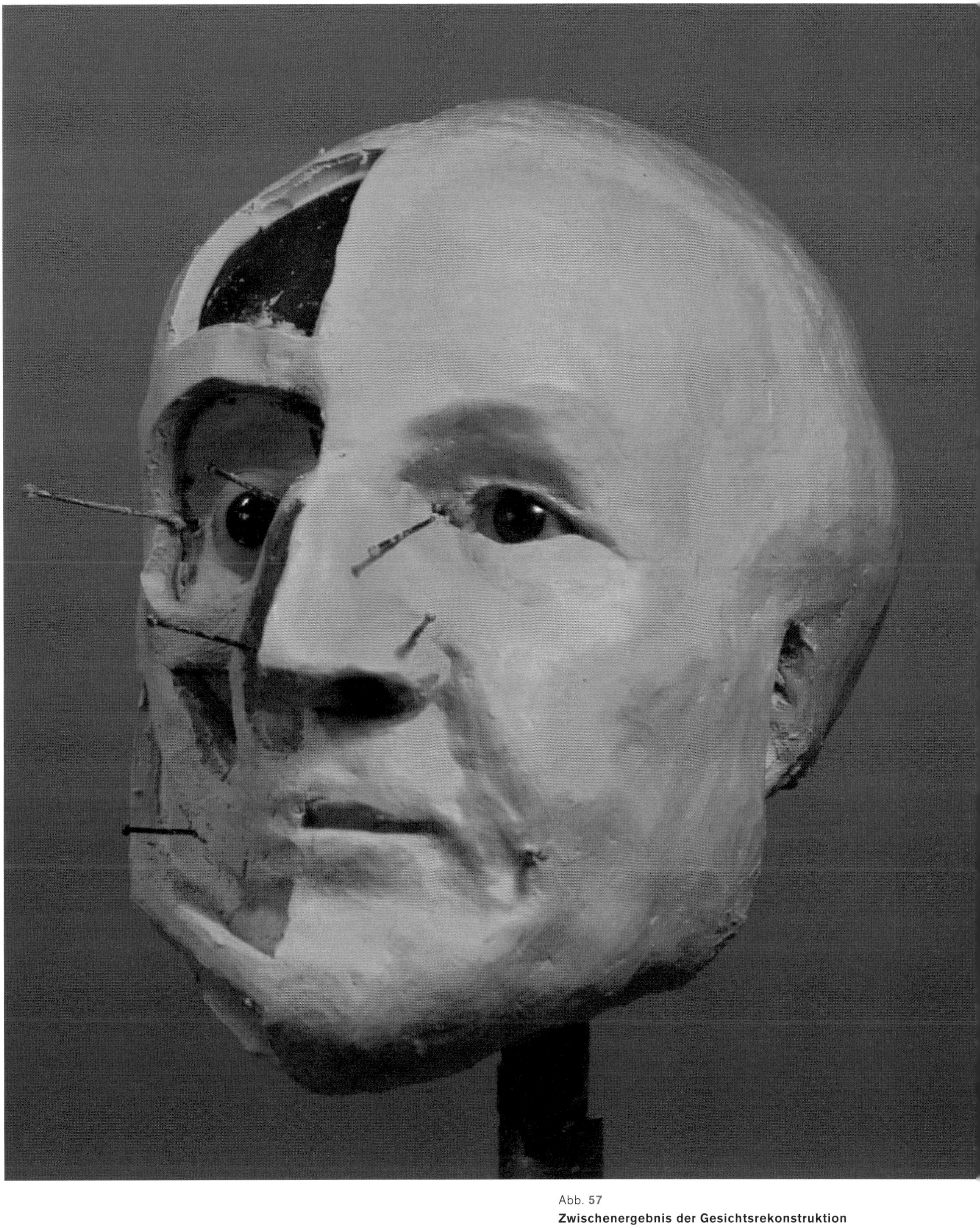

Abb. 57
Zwischenergebnis der Gesichtsrekonstruktion Heinrichs IV.
Richard Helmer, Institut für Angewandte Forensische Anthropologie

Konrad II. und der Dom zu Speyer

Konrad II. entstammte einer der bedeutendsten fränkischen Adelsfamilien, den Saliern, die bereits im 7. Jahrhundert zur Führungsschicht des fränkischen Reiches gehörten und ihre Machtposition unter den Ottonen weiter ausbauen konnten. Konrads Großvater war Herzog Otto von Kärnten, der als Enkel Ottos des Großen nach dem Tod von Kaiser Otto III. sogar berechtigte Ansprüche auf den Thron hätte geltend machen können. Unter den Nachkommen Ottos von Kärnten geriet die Familie jedoch in eine ernsthafte Krise. Zwei seiner Söhne schlugen eine sehr erfolgreiche geistliche Laufbahn ein. Die anderen beiden jedoch, Konrad und Heinrich, Graf von Speyer, verstarben früh und hinterließen noch minderjährige Söhne. Dadurch verlor die Familie das Erbrecht auf die Herzogswürde und damit die Zugehörigkeit zur Spitzengruppe des fränkischen Adels.

Konrad II. war der Sohn Heinrichs, des Grafen von Speyer. Er wurde um 990 geboren und verlor seinen Vater noch vor dem Jahr 1000. Bald darauf heiratete seine Mutter, Adelheid von Metz, erneut und verließ die Familie. Der kaum zehnjährige Konrad kam für kurze Zeit, vermutlich zwischen 1000 und 1002, unter die Obhut von Bischof Burchard von Worms, wo er wahrscheinlich eine kurze Ausbildung genoss. Er erhielt aber nie eine ausführliche geistliche Erziehung oder wissenschaftliche Bildung, die ihn auf ein Leben als Kaiser vorbereitet hätte. Niemand ahnte, welch glänzende Karriere dem jungen Konrad bevorstand.

Ein entscheidender Schritt auf dem Weg zur Macht war 1016 die Heirat mit Gisela, der Tochter des Herzogs Hermann von Schwaben. Gisela, die ihre Abstammung bis auf die Karolinger zurückführen

Abb. 59
Konrad II. und seine Gemahlin Gisela
Stadtbibliothek/Stadtarchiv Trier, Hs 1709, f. 72 r

konnte, gehörte zu einer der vornehmsten Familien des Reiches. Ihre hochadelige Herkunft, ihre umfassende Bildung und ihre von Zeitgenossen gerühmte Schönheit machten Gisela gleichermaßen zu einer »guten Partie«. Als Kaiserin hatte sie großen Einfluss auf die Regierung ihres Mannes. Ihr Sohn Heinrich III., an dessen Erziehung und Ausbildung sie sich entscheidend beteiligte, soll seine Kenntnisse in Rechtsfragen vor allem seiner Mutter verdankt haben.

Mit dem Tod Heinrichs II., der keinen männlichen Nachkommen hinterließ, bot sich die entscheidende Chance, die zum Wendepunkt in der salischen Geschichte werden sollte. Am 4. September 1024 konnte sich Konrad II. bei der Königswahl in Kamba vor der Versammlung der Fürsten gegen seinen gleichnamigen Cousin Konrad den Jüngeren durchsetzen. Bereits vor seiner Wahl hatte Konrad II. ein Gelübde abgelegt, die Kirche von Speyer reich zu

Abb. 58 (Seite 44)
Blick durch die Krypta nach Süden
Die Krypta ist der älteste Teil des Doms und geht auf den ersten Bau unter Kaiser Konrad II. zurück.

Abb. 60
Konrad II. als Gründer der salischen Kaiserdynastie
Das so genannte Salierstemma, eine Miniatur aus der Weltchronik Ekkehards von Aura, zeigt Konrad II. als Stammvater des salischen Herrscherhauses. Der thronende Kaiser hält in seiner rechten Hand die Medaillons seiner Nachfahren.
Staatsbibliothek Berlin, Preußischer Kulturbesitz, Ms. Lat. Fol. 295, 81 v

beschenken, sollte er auf den Königsthron gelangen. Zwischen 1025 und 1030 ging der neugewählte König daran, sein Versprechen zu erfüllen. Der Bau einer Bischofskirche bot Konrad, der 1027 in Rom zum Kaiser gekrönt wurde, die beste Möglichkeit zur Repräsentation und zur Demonstration seiner Frömmigkeit wie auch seines Machtanspruches als Stellvertreter Gottes auf Erden. Auch seine Vorgänger hatten in Aachen, Bamberg und Magdeburg ehrgeizige Bauprojekte begonnen und entlang des Rheins entstanden in Mainz, Worms und Straßburg große bischöfliche Kirchenneubauten. Den monumentalen Neubau, der ihm und seiner Familie als Grablege dienen sollte, weihte er der Gottesmutter Maria. Speyer, bis dahin ein eher unbedeutender Ort, erlebte unter den Saliern einen enormen Aufschwung, der nicht zuletzt dem Dombau zu verdanken war.

Der Speyerer Dom entstand in zwei großen Bauphasen, in der Forschung Bau I (im Wesentlichen unter Konrad II. und Heinrich III. errichtet) und Bau II (Umbau unter Heinrich IV. und Heinrich V.) genannt. Innerhalb dieser Bauphasen lassen sich wiederum mehrere Abschnitte unterscheiden, da die Planungen für den Riesenbau des Speyerer Doms während des Baufortschritts mehrfach geändert wurden.

Der Bau begann im Osten mit der Krypta unter dem Altarhaus. Bald schon wurde die Krypta nach Westen hin durch die große Querhauskrypta erweitert. Wahrscheinlich gleichzeitig erbaute man eine Vorkrypta, die jedoch schon bald darauf wieder eingeebnet wurde. Von der Vorkrypta führten einst Treppen hinauf ins Mittelschiff, etwa dort, wo heute in der Gruft die Treppen zu den Gräbern emporführen. So sind allein in der Krypta in rascher Folge mehrere Planänderungen zu beobachten, bis die Unterkirche schließlich zu der einzigartigen, großen Hallenkrypta erweitert wurde, die den Raum unter der gesamten Ostanlage einschließlich des Querschiffs einnimmt. Die Wände der Querhauskrypta sind durch flache Wandvorlagen mit Blendbögen und davorliegenden Halbsäulen, auf denen die Schildbögen des Gewölbes aufliegen, doppelt geschichtet. Die Säulen tragen Würfelkapitelle. Das Würfelkapitell, das zwanzig Jahre zuvor zum ersten Mal in St. Michael in Hildesheim auftaucht, stellt ein neues abstraktgeometrisches Prinzip gegen das antike organische Blattkapitell dar. Es bildet den idealen Übergang zwischen der zylindrischen Säule und dem quadratischen Kämpfer.

In der Krypta hat sicherlich der gesamte Kathedralgottesdienst stattgefunden, bis die Oberkirche benutzbar war. Die Krypta muss um 1030–1040 entstanden sein, da zwischen den Treppen der Vorkrypta 1039 Konrad II. und 1043 Gisela beigesetzt wurden. Einige spätere Veränderungen in der Krypta wurden 1961/62 wieder rückgängig gemacht, sodass sie heute neben den Seitenschiffen zu den Bauteilen gehört, die am stärksten die ursprüngliche Atmosphäre des salischen Baus bewahrt haben.

Als Kaiser Konrad II. 1039 starb, war der Dom noch eine riesige Baustelle. Das Altarhaus mit den Winkeltürmen wurde gerade errichtet, für das Langhaus die Fundamente gelegt. Dennoch wurde sein Sarkophag mitten in der noch offenen Baustelle am östlichen Ende des Mittelschiffs eingetieft, zwischen den beiden Treppen, die zur Krypta hinunter führten. Auch in der Oberkirche ging der Baufortschritt sowohl aus statischen als auch aus liturgischen Gründen – man wollte die Ostteile der Kathedrale möglichst früh für den Gottesdienst nutzen können – von Ost nach West voran. Die halbrunde Ostapsis war von außen zunächst rechteckig ummantelt. Erst im Umbau unter Heinrich IV. erhielt sie ihre auch außen halbrunde Form. Von den Ostteilen des Baus I sind heute nur noch die unteren Teile der Chorwinkeltürme in ihrer ursprünglichen Form sichtbar. Die Vierung an der Schnittstelle von Quer- und Langhaus ist durch vier große, gleich hohe Rundbögen begrenzt, die sie von den benachbarten Raumteilen scheidet. Diese Bögen sind ebenso wie die kreuzförmigen Pfeiler erhalten und seit der letzten Restaurierung neben den barocken Verstärkungen teilweise noch sichtbar.

Nach dem Tod Konrads II. führte sein Sohn Heinrich III., der sich fast jedes Jahr in Speyer aufhielt, den Bau weiter. Heinrich III. steigerte den Plan für den Dom zu gigantischen Ausmaßen. Das ursprünglich nur 55 m lang geplante Langhaus wurde auf 70 m Länge erweitert, sodass die Kirche die außerordentliche Gesamtlänge von 134 m erreichte. Damit war der Dom der damals größte Kirchenbau des Abendlandes. Auch die Höhe der Seitenschiffe wurde gesteigert und der Platz für die Grablege deutlich vergrößert, indem die Treppenläufe zur Krypta in die Seitenschiffe verlegt wurden. Ein wuchtiger gewölbter Westbau, durch ein Stufenportal mit dem Langhaus verbunden, schloss den Dom nach Westen ab. Das Mittelschiff und das Querhaus waren als größte Raumteile mit einer flachen Holzdecke abgeschlossen, während die Krypta und die Seitenschiffe Kreuzgratgewölbe tragen. Bemerkenswert ist das weitgespannte Tonnengewölbe des Altarhauses. Die Innenwände des Langhauses waren durch Wandpfeiler und Halbsäulen gegliedert und griffen damit das bereits in der Krypta entwickelte System auf. In Kontrast dazu stand die starke Flächigkeit der Außenwände. Als Heinrich III. 1056 starb und neben seinen Eltern beigesetzt wurde, war der Bau noch immer im Gang. 1061 erfolgte in Anwesenheit des noch unmündigen elfjährigen Kaisers Heinrich IV. die Schlussweihe des Doms.

SK

Abb. 61
Kaiser Heinrich III. und seine Frau Agnes von Poitou
Stadtbibliothek/Stadtarchiv Trier, Hs 1709, f. 72 r

Abb. 62
Das nördliche Seitenschiff
Krypta und Seitenschiffe wurden mit Kreuzgratgewölben ausgestattet. Dagegen waren das Mittelschiff und das Querhaus zunächst flach gedeckt.

Die Bestattung Konrads II. und Giselas

»Im Jahr der Menschwerdung des Herrn 1039, in der 7. Indiktion, verstarb selig am 4. Juni der zweite Konrad, der erhabene Kaiser der Römer, im 15. Jahr seines Königtums, im 13. Jahr seines Kaisertums, und sein Sohn König Heinrich III. folgte ihm in der Regierung. Er ist begraben worden am 3. Juli in der Gegenwart seines Sohnes«. So lautet die Übersetzung der lateinischen Inschrift, die auf der Bleitafel aus dem Grab Konrads II. zu lesen ist. Noch einen Tag vor seinem Tod hatte Konrad unter heftigen Gichtanfällen in Utrecht das Pfingstfest gefeiert. Seine Eingeweide wurden im Dom zu Utrecht beigesetzt. Ein prächtiger Trauerzug begleitete den Leichnam über Köln, Mainz und Worms nach Speyer, wo der Kaiser im Mittelschiff vor der Vierung und in der Mittelachse des von ihm gegründeten, aber noch unvollendeten Doms beigesetzt wurde.

Die Grabungskommission sprengte am 23. August 1900 die Eisenklammern des schlichten Steinsarkophags des ersten salischen Herrschers. Insgesamt öffnete die Kommission aus Gelehrten und Fachleuten, die am 16. August 1900 ihre Arbeit im Dom zu Speyer aufnahm, 18 Gräber und räumte diese aus. Die genaue Lage der Gräber war nicht mehr bekannt und man wusste auch nicht, welche Bestattungen die unruhigen Jahrhunderte unbeschadet überstanden hatten. Neben den Gräbern der salischen Kaiser wurden auch die benachbarten Gräber der Königsreihe und der Bischofsreihe geöffnet, wobei das Hauptaugenmerk auf den Gräbern der salischen Kaiser lag. Die aus den Gräbern geborgenen sterblichen Überreste wurden am 3. September 1900 zunächst provisorisch, am 19. Dezember 1902 dann endgültig in der neu erbauten Gruft beigesetzt. Der Grabinhalt, neben den Beigaben auch Fragmente der Kleidung, wurde zum größten Teil aus den Gräbern entnommen. Funde, die 1900 nicht von archäologischem Interesse waren, wurden in versiegelten Leinensäckchen mit den Leichenresten beigesetzt.

Die Bleitafel, die man bei der Öffnung des Sarges von Kaiser Konrad II. fand, hatte man unter das Haupt des salischen Kaisers gelegt. Ebenfalls im Kopfbereich lag eine schlichte, aus Kupferblech gearbeitete Krone. Dabei handelt es sich um eine eigens für die Bestattung hergestellte Grabkrone. Durch die Beigabe dieser Insignie wird der Kaiser auch über den Tod hinaus als Herrscher definiert, die Einfachheit des Materials und die flüchtige Ausführung zeugen von der Demut dem Tod gegenüber. Die Krone Konrads II. ist die älteste bisher bekannte mittelalterliche Grabkrone. Auch der Kaiserin Gisela sowie den Kaisern Heinrich III. und Heinrich IV. wurden Grabkronen aus Kupfer mit in das Grab gegeben. Die Grabkrone Konrads besteht aus einem an der Rückseite vernieteten Kronreif aus Kupferblech, der von einem Stirnkreuz und drei Lilien überragt wird. Sie ist den tatsächlichen Herrscherkronen dieser Zeit nachempfunden. Sowohl auf dem Reif als auch auf dem Kreuz und den Lilien sind in Feuervergoldung eingelegte Buchstaben zu erkennen. Die

Abb. 64
Grabkrone Konrads II.
1039
Kupfer, zum Teil vergoldet
Durchmesser: 21,2 cm
Inv. Nr. D 4

Abb. 63 (Seite 48)
Detail der Grabkrone Konrads II.

Abb. 65
Inschrifttafel aus dem Grab Konrads II.
1039
Blei
14 x 40 cm
Inv. Nr. D 10

Abb. 66
Die Gräber von Konrad II. und Gisela unmittelbar vor ihrer Öffnung. Die Aufnahme entstand am 22. August 1900. Das Grab Konrads II. ist mit drei starken Eisenbändern gesichert. Links daneben liegt die Grabplatte der Kaiserin Gisela.

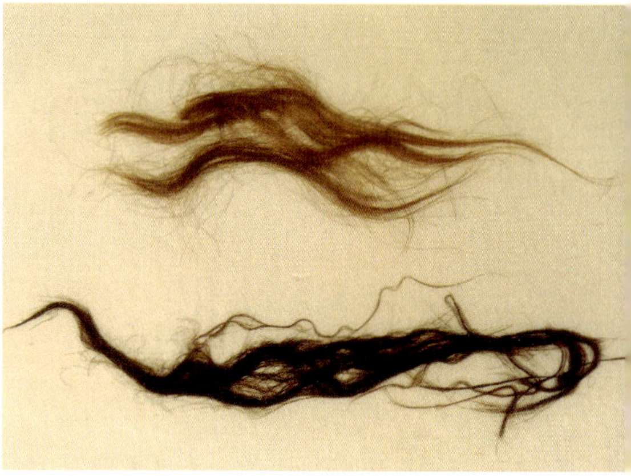

Abb. 67
Haare von Konrad II. und Gisela
Die Körper von Konrad II. und seiner Gemahlin Gisela waren fast vollständig vergangen, einige Haarsträhnen hatten sich erhalten. Die blonden Haare stammen von Gisela, von deren Schönheit zeitgenössische Quellen berichten.
Inv. Nr. D 23

Buchstaben der vier Aufsätze sind stark beschnitten und daher schwer zu lesen, die Buchstaben der hinteren Lilie stehen offensichtlich auf dem Kopf. Die Buchstaben lassen sich möglicherweise zu den lateinischen Wörtern »PAVS ARATOR ET URBIS BENEFACTOR« zusammenfügen, was mit »Des Friedens Förderer und der Stadt Wohltäter« übersetzt werden kann (Kubach, 1972). Thomas Meier geht 1998 dagegen davon aus, dass es sich um eine reine Zierinschrift ohne inhaltliche Bedeutung handelt.

Kaiserin Gisela, die Gemahlin Konrads II., wurde vier Jahre nach dem Tod des ersten salischen Kaisers an der Seite ihres Mannes im Speyerer Dom beigesetzt. Sie war die Tochter Herzog Hermanns von Schwaben und der Gerberga, einer Tochter des Königs Konrad von Burgund. Beide Elternteile konnten ihre Abstammung bis auf die Karolinger zurückführen und zählten zu den vornehmsten Familien des Reiches. Im Jahr 1016 vermählte Gisela sich mit Konrad, als dessen Gemahlin sie 1024 zur Königin geweiht wurde. Zum Zeitpunkt ihrer Vermählung hatte sie bereits zwei Ehen hinter sich. Zunächst war sie mit Graf Brun von Braunschweig vermählt, nach dessen Tod heiratete sie Herzog Ernst von Schwaben, der bei einem Jagdunfall ums Leben kam. Aus diesen beiden Ehen sind mindestens drei Söhne hervorgegangen. Offensichtlich hatte Gisela eine umfassendere Bildung genossen als Konrad II. Sie soll größeren Einfluss auf ihren Mann gehabt haben als alle anderen Berater, sodass ihr ein bedeutender Anteil an der Regierung des Reiches zugeschrieben wird. Auch an der Erziehung ihres Sohnes Heinrich, der gezielt auf sein Leben als König vorbereitet wurde und als einer der gebildetsten Herrscher des Mittelalters gilt, war sie maßgeblich beteiligt.

Kaiserin Gisela verstarb im Jahr 1043 in Goslar. Heinrich III. ließ sie nach Speyer überführen, wo sie in einem schlichten Steinsarkophag bestattet wurde. Wie ihrem Gatten gab man auch ihr eine kupferne Grabkrone und eine Inschriftentafel aus Blei mit ins Grab. Die Krone besteht wie bei ihrem Mann Konrad aus einem schlichten Kronreif, der durch ein angenietetes Stirnkreuz und drei Lilien überragt wird. Auf dem Reif ist deutlich lesbar die Inschrift »GISLE IMPERATRIX« eingraviert, die den kaiserlichen Rang und den Namen der Toten nennt. Der Kopf der Kaiserin Gisela war auf eine große Bleitafel gebettet worden. Die ersten drei Zeilen und die ersten zehn Buchstaben der vierten Zeile der Inschrift sind sorgfältig eingraviert und gut zu erkennen: »Im Jahre der

Abb. 68
Grabkrone Giselas
1043
Kupfer
Durchmesser: 23,7 cm
Inv. Nr. D 5

Fleischwerdung des Herrn 999, am 11. November, ist die Kaiserin Gisela glücklich geboren worden, die Gattin Kaiser Konrads, die Mutter des sehr frommen Königs Heinrich des Dritten. Sie hat mit ihrem Mann in der Herrschaft 14 Jahre, 9 Monate, 17 Tage gelebt, im Witwenstand aber 3 Jahre, 8 Monate« (an dieser Stelle bricht die Inschrift ab). Die folgenden Zeilen wurden nur vorgeritzt und sind heute nicht mehr vollständig lesbar. Bei der Auffindung im Jahr 1900 war noch deutlich zu erkennen, dass die folgenden Zeilen die an der Bestattung Giselas beteiligten Bischöfe aufzählen. Erstaunlich ist das angegebene Geburtsjahr der Kaiserin, denn das genannte Jahr 999 lässt sich nur schwer mit den bekannten Daten ihrer Biografie in Einklang bringen. Als ihr zweiter Ehemann, Herzog Ernst von Schwaben, im Jahr 1015 starb, hatte Gisela bereits mindestens drei Kinder. Folgt man dem Geburtsjahr der Inschrift, wäre sie zu diesem Zeitpunkt gerade sechzehn Jahre alt gewesen. Ihr Sohn Ernst aus der Ehe Giselas mit Ernst von Schwaben erhob sich in der Zeit zwischen 1025 und 1030 mehrfach gegen seinen Stiefvater. Wäre Gisela erst 999 geboren worden, müsste ihr Sohn Ernst um 1014 geboren worden sein und wäre damit zur Zeit seines ersten Aufstandes elf Jahre alt gewesen. Es scheint also wahrscheinlich zu sein, dass dem Verfasser, der die Bleitafel wohl in großer Eile anfertigen musste, bei der Inschrift ein Fehler unterlaufen ist. Obwohl also die zeitgenössische Bleitafel ein anderes Datum überliefert, geht man heute davon aus, dass Kaiserin Gisela um das Jahr 990 geboren wurde.

EH

Abb. 69
Inschrifttafel aus dem Grab der Kaiserin Gisela
1043
Blei
41 x 62,6 cm
Inv. Nr. D 11

Die Bestattung Kaiser Heinrichs III.

Als Kaiser Heinrich III. am 28. Oktober 1017 geboren wurde, ahnte wohl noch niemand, welche Zukunft dem Sohn des Saliers Konrad und seiner Frau Gisela bestimmt war. Nach der Königswahl von Kamba im Jahr 1024, bei der sein Vater zum König gewählt wurde, bezeichnete dieser seinen Sohn in seinen Urkunden oft als die »Hoffnung des Reiches«. Gezielt wurde er auf seine zukünftige Stellung vorbereitet. Schon 1026 bestimmte Konrad seinen neunjährigen Sohn zu seinem Nachfolger und ließ ihn zwei Jahre später auf dem Aachener Reichstag zum König erheben. Nacheinander empfing er die Herzogtümer Bayern und Schwaben, im Herbst 1038 sogar die Königswürde über das Königreich Burgund. Als Kaiser Heinrich III. wurde er zu einem der gebildetsten Herrscher des Mittelalters, seine Regentschaft gilt heute als ein Höhepunkt kaiserlicher Macht im Mittelalter.

Im Kloster Limburg bestattete er bereits ein Jahr nach der Hochzeit seine erste Frau Gunhild, die Tochter König Knuts des Großen von Dänemark und England, die im Juli 1038 starb. Im November 1043 vermählte er sich mit Agnes von Poitou, der Tochter Wilhelms von Aquitanien. Im November 1050 kam der langersehnte Thronfolger zur Welt. Obwohl die Herrschaft Heinrichs III. als eine der glanzvollsten des Mittelalters gilt, zeichnen sich in seinen letzten Jahren die Probleme ab, welche die Regierungszeit seines Sohnes bestimmen sollten.

Speyer und dem dortigen Mariendom, der Grabstätte seiner Eltern, war Heinrich III. eng verbunden und besuchte Stadt und Dom regelmäßig. 1046 schenkte Heinrich III. der Speyerer Domkirche ein kostbares Evangelienbuch, den so genannten »Codex Aureus«.

Am 5. Oktober 1056 starb Kaiser Heinrich III. im Alter von nur 39 Jahren in der Pfalz Bodfeld im Harz. Sein Herz liegt heute in der Ulrichskapelle in Goslar, der Leichnam wurde nach Speyer überführt, wo er am Tag seines Geburtstages, am 28. Oktober 1056, in einem weißen schlichten Sandsteinsarkophag an der Seite seines Vaters im Dom die letzte Ruhe fand. Sein Grab wurde bei der Ausgrabungskampagne ungestört vorgefunden und am 25. August 1900 geöffnet. Wie seine Eltern wurde auch Kaiser Heinrich III. durch die Beigabe einer Krone aus Kupfer über den Tod hinaus als Herrscher ausgezeichnet. Der unverzierte, breite Kronreif besteht aus zwei Bändern, die vorne und hinten auf Stoß an den Lilien vernietet wurden. Die beiden seitlichen Lilien setzen sich unterhalb des Reifs fort und erinnern an die Wangen- und Ohrendecken der zeitgleichen Helmformen.

Abb. 70 (Seite 52)
Reichsapfel aus dem Grab Kaiser Heinrichs III.
1056
Zedernholz, Leder, Tragant
Höhe: 13,5 cm
Inv. Nr. D 509

Abb. 71
Urkunde Heinrichs III.
Heinrich III. schenkt dem Domkapitel zu Speyer am 7. September 1046 Besitzungen in Nürtingen.
Generallandesarchiv Karlsruhe, A 86

Abb. 72
Widmungsbild aus dem »Codex Aureus« von Speyer
Heinrich III. übergibt die wertvolle Handschrift an die Heilige Maria, die Schutzpatronin des Speyerer Doms. Mit der linken Hand segnet Maria Kaiserin Agnes. Im Hintergrund ist die Architektur des Doms zu Speyer dargestellt.
Echternach 1045/46
El Escorial, Bibliotheca de San Lorenzo, Cod. Vitr. 17 fol. 3 r

Abb. 73
Grabkrone Kaiser Heinrichs III.
1056
Kupferlegierung
Durchmesser: 20,2 cm
Inv. Nr. D 6

Die Herrscherkrone ist das bedeutendste Zeichen mittelalterlicher Herrschaft. Zu den traditionellen Krönungsinsignien gehörten in salischer Zeit außerdem Zepter und Reichsapfel. Für die Bestattung Heinrichs III. wurde nicht nur die Krone als eigens angefertigte Grabbeigabe den tatsächlichen Insignien nachempfunden. Auch eine Nachbildung des Reichsapfels wurde dem Kaiser mit in sein Grab gegeben. Die Kugel und das Kreuz, die wahrscheinlich aus Zedernholz und Tragant bestehen, waren vollständig mit Leder überzogen. Wie bei den Grabkronen der Salier zeichnet sich auch der Reichsapfel durch seine einfache Machart aus. Allerdings waren sowohl das aus der Mittelmeerregion stammende Zedernholz als auch Tragant, eine Art Gummi aus dem Vorderen Orient, im Mittelalter durchaus kostbare Materialien.

Mit der Bestattung Kaiser Heinrichs III. an der Seite seiner Eltern im Dom zu Speyer zeigt sich das neue Selbstverständnis der salischen Herrscherdynastie. Auch in karolingischer und ottonischer Zeit waren die Könige in Kirchen bestattet worden, allerdings jeweils an unterschiedlichen Orten des Reiches. Mit der Bestattung Heinrichs III. war der Schritt zu einer dynastischen Grablege der salischen Herrscher in Speyer getan. Darin wird die neue Vorstellung von Herrschaft deutlich, die von der einzelnen Person losgelöst und auf die gesamte Dynastie übertragen wird. Noch bevor die Salier zur Königsherrschaft gelangten, zeigte sich ihr ausgeprägtes Bewusstsein für die eigene Dynastie in der Errichtung einer Familiengrablege im Wormser Dom. In Speyer erfolgte spätestens anlässlich der Beisetzung von Heinrich III. ein Umbau, der mehr Platz für die Grabstätte schuf und das gesamte Areal, mit steinernen Schranken eingefasst, zu einem gesonderten Bereich im östlichen Mittelschiff machte.

EH

Abb. 74
Urkunde Heinrichs IV.
In einer seiner frühesten Urkunden schenkt Heinrich IV. am 5. April 1057 der bischöflichen Kirche zu Speyer das Gut Bühl. Aus den Einkünften soll eine ewige Lampe am Grabe seines Vaters unterhalten werden.
Generallandesarchiv Karlsruhe, A 92

Abb. 75
Perikopenbuch Heinrichs III.
Kaiser Heinrich III. beim Einzug in die Echternacher Kirche. Er trägt die Herrscherinsignien Krone, Zepter und Reichsapfel.
Kloster Echternach, 1039–1043
Bremen, Universitäts- und Staatsbibliothek, Codex B 21, Fol. 3v

Heinrich IV. und Speyer

Als Kaiser Heinrich IV. 1106 in Lüttich starb, war es sein letzter Wunsch, an der Seite seiner Vorfahren im Dom zu Speyer bestattet zu werden. Im Alter von elf Jahren hatte er 1061 die Weihe des frühromanischen Doms miterlebt. Einige Jahre zuvor, im Oktober 1056, nahm er als Sechsjähriger an der Bestattung seines Vaters, Kaiser Heinrich III., im noch unvollendeten Dom teil. Sein Sohn und Nachfolger Heinrich V., der ihn in den letzten Herrschaftsjahren erbittert bekämpft hatte, erfüllte dem Vater diesen letzten Wunsch.

Zu Lebzeiten hatte auch Heinrich IV. wie sein Vater und Großvater Dom, Bistum und Stadt Speyer gefördert. Besonders in der Zeit ab 1075 besuchte Heinrich IV. die Stadt am Rhein regelmäßig. So verbrachte er auch die ersten Dezembertage des Jahres 1076 dort, nachdem er von Papst Gregor VII. gebannt und von den Fürsten abgesetzt worden war. Kurz vor Weihnachten brach er in dem ungewöhnlich strengen Winter von Speyer aus auf und überquerte über den Mont Cenis die Alpen zu seinem berühmten Bußgang nach Canossa.

Im Jahr 1082, nur knapp zwanzig Jahre nach der Weihe des ersten romanischen Baus, ließ Heinrich IV. große Teile des Doms abreißen und begann mit einem umfangreichen Neubau. Mit einer Gesamtlänge von 133 m und einer Höhe von 32 m überstieg er alle bis dahin geschaffenen Bauwerke nördlich der Alpen. Der Dom, der Grablege der salischen Kaiserfamilie sein sollte, war auch für Heinrich IV. eine Machtdemonstration in den Auseinandersetzungen mit dem Papst.

Die Stadt Speyer erlebte unter Kaiser Heinrich IV. einen rasanten wirtschaftlichen Aufschwung. Ein eindrucksvoller Beleg für den Reichtum der Stadt ist der Münzschatzfund von Mechtersheim nahe Speyer aus der Zeit Kaiser Heinrichs IV. Bischof Rüdiger von Speyer förderte zudem die Ansiedlung von jüdischen Fernhandelskaufleuten im Stadtgebiet. Im Jahr 1084 stattete er sie mit weitreichenden Rechten und Handelsprivilegien aus. 1090 nahm Heinrich IV. die Judengemeinde von Speyer unter seinen Schutz.

EH

Abb. 76
Schatz von Mechtersheim aus der Zeit Heinrichs IV.
Der zirka 5000 Münzen umfassende Schatzfund belegt eindrucksvoll den mit dem wirtschaftlichen Aufschwung der Stadt Speyer zur Zeit der Salier verbundenen Reichtum. Die Münzen, zu 95 Prozent Speyerer Prägungen, waren dort angesammelt und in dem wenige Kilometer südlich gelegenen Mechtersheim vergraben worden. Der Schatz zeugt auch von den politisch unsicheren Zeiten im Zuge der Konflikte zwischen Heinrich IV., den Fürsten und dem Papst.
Inv. Nr. HM 0/935

Der Umbau des Doms unter Heinrich IV.

Abb. 77
Ostanlage des Speyerer Doms
Die Apsis wurde unter Heinrich IV. halbrund gestaltet.

Um das Jahr 1090 ließ Heinrich IV. große Teile des Doms wieder abreißen und neu errichten. Bereits um 1080/82 war Benno II., der Bischof von Osnabrück, damit beauftragt worden, den Speyerer Dom durch einen mächtigen Steinwall gegen das Rheinhochwasser zu schützen. Die Einwirkung von Hochwasser kann allerdings kaum den tiefgreifenden Umbau unter Heinrich IV. rechtfertigen, denn bei den Untersuchungen von 1931 konnten keine entsprechenden Schäden am Fundament festgestellt werden. Allerdings bemerkte man bei den Sicherungsarbeiten von 1931 und 1957–66 so deutliche Mängel im aufgehenden Mauerwerk von Bau I, dass ein teilweiser Abriss und Neubau des Doms unter Heinrich IV. wohl schon aus statischen Gründen notwendig war. Darüber hinaus aber haben sicherlich wachsender Baueifer und ein gesteigertes Repräsentationsbedürfnis eine entscheidende Rolle gespielt. Die frühen Teile des Doms, wie das einfache Altarhaus, waren hinter dem in der Zwischenzeit weiter entwickelten Langhaus zurückgeblieben. Bei dem Umbau hat man sich folglich nicht auf die Sicherung des Vorhandenen beschränkt.

Heinrich IV., während dessen Regierungszeit es zum erbitterten Machtkampf zwischen Papst und Kaiser kam, nutzte den prächtigen Dombau zur Dokumentation der Unmittelbarkeit seiner göttlichen Einsetzung. Hiermit wollte Heinrich IV. die Rechtmäßigkeit seines Kaisertums und seine Frömmigkeit vor aller Welt bezeugen. Daneben spielte die Legitimation durch seine Abstammung, die in der Ahnengrablege offensichtlich wird, eine wichtige Rolle. Die Baumeister des Doms sind nicht überliefert. Aus den um 1160 verfassten Viten des Bischofs Otto von Bamberg geht jedoch hervor, dass diesem nach 1097 bzw. 1102 die Finanzverwaltung der Bauarbeiten am Dom übertragen worden war. Heinrich IV. ließ die Ostteile der Kirche abtragen und neu aufbauen. Die Apsis, die zuvor in einem rechteckigen Mauermantel saß, war nun auch von außen halbrund gestaltet. Als Gliederung übernahm man die hohe Blendarkatur auf dünnen Halbsäulen vom Inneren des Langhauses. Unterhalb des Dachansatzes erhielt sie ein völlig neues Gliederungselement: die Zwerggalerie, ein Laufgang in der Mauerstärke, der sich nach außen mit Säulchen und Bögen öffnet. In dieser ausgereiften hochromanischen Form ist die Zwerggalerie am Speyerer Dom zum ersten Mal nachweisbar. Auch das Querhaus wurde neu errichtet. Die Querhausfronten sind durch breite Mauerbänder gegliedert, die den gesamten Baukörper vom Sockelgeschoss der Krypta bis zur Zwerggalerie zusammenfassen. Vermutlich wurde auch der Vierungsturm erst jetzt in die Planung mit aufgenommen. An der Südseite der Kathedrale fügte man die zweistöckige Doppelkapelle St. Emmeram und St. Katharina an.

Die bautechnisch großartigste Leistung war jedoch die Einwölbung des Mittelschiffs. Da die Mittelschiffwände statisch nicht darauf angelegt waren, den Schub eines Gewölbes aufzunehmen, musste jedes zweite Pfeilerpaar durch eine Mauervorlage verstärkt werden. Über der enormen Spannweite von 14 m wurden Kreuzgratgewölbe errichtet. Die Raumwirkung des Inneren veränderte sich durch diesen Eingriff entscheidend. Die Mittelschiffarkaden wurden rhythmisiert, das Langhaus durch die Gewölbeeinheiten in mehrere Joche gegliedert. Mittelschiff und Seitenschiffe bilden nun das so genannte gebundene System, bei dem einem quadratischen Joch im Mittelschiff zwei Joche halber Seitenlänge in den Seitenschiffen entsprechen.

Abb. 78
Zwerggalerie
Die als Umgang gestaltete Galerie läuft unterhalb des Dachansatzes um den gesamten Dom.

Abb. 79
Blick durch das Mittelschiff
Das zuvor flach gedeckte Mittelschiff wurde unter Heinrich IV. mit einem Kreuzgratgewölbe versehen.

Während sich die Architektur von Bau I durch nüchterne Strenge und abstrakte Flächigkeit der begrenzenden Wände auszeichnete, wurde die Mauer in Bau II konsequent plastisch gegliedert und geformt. Die um den gesamten Bau führende Zwerggalerie vereinheitlicht das riesige Bauwerk und bringt durch die Licht- und Schattenwirkung eine bislang nicht dagewesene Tiefenwirkung in die Architektur des Doms.

Abb. 80
Südfassade des Querhauses
Besonders die Fenster wurden außen mit reichem Ornamentschmuck umrahmt.

Während man in Bau I noch vollständig auf Bauschmuck verzichtet hatte, bekam der Dom mit dem Umbau eine reiche ornamentale Ausgestaltung. Die Kapitelle sind mit kerbschnittartigem Ranken- und Blattwerk versehen oder haben antikisierende Formen. Besonders reich ist der ornamentale Schmuck an der Südfassade des Querhauses. Um die Fenster legen sich Ranken aus Blättern, Blüten und Früchten mit einzelnen Tierfiguren wie Hunden, Hasen oder Vögeln. Auch Darstellungen von Menschen kommen nun im Bauschmuck vor, wie ein kleines Relief an der Außenseite der Apsis oder die Darstellung Simsons im Kampf mit dem Löwen zeigen.

Abb. 81
Simson kämpft mit dem Löwen
Das Relief befindet sich an der Mauerkapelle im nördlichen Querarm des Doms.

Nach dem Tod Heinrichs IV. führte sein Sohn die Bauarbeiten weiter. Zu den letzten Baumaßnahmen unter Heinrich V. gehörten die Einwölbung des Querhauses und die Errichtung der Afrakapelle an der nördlichen Langhausseite. 1076 hatte Kaiser Heinrich IV. dem Dom eine wertvolle Reliquie vom kurz zuvor in Augsburg aufgefundenen Leib der Heiligen Afra gestiftet. Die Kapelle zu Ehren der Heiligen umfasste ursprünglich nur zwei Joche und bildete eine Baugruppe zusammen mit dem »Kleinen Paradies«, einer heute verlorenen Vorhalle mit offenen Säulenarkaden vor dem nordöstlichen Portal des Seitenschiffs. Neuere stilistische Untersuchungen der Kapitelle der Afrakapelle und der Bandrippengewölbe des Querhauses lassen eine Datierung um 1120 wahrscheinlich erscheinen.

Im späten Mittelalter erhielt der Dom einige weitere Anbauten, die aber nur wenig in seine geschlossene Baugestalt eingriffen. An die Nordseite des Doms fügte man im 14. und 15. Jahrhundert eine Reihe gotischer Kapellen an. 1437–1444 wurde ein Kreuzgang auf der Südseite errichtet, in dessen Mitte ein Ölberg stand, für den Hans Seyfer 1505–1511 die Figuren schuf. Die meisten Anbauten gingen nach den Zerstörungen 1689 verloren. Als einziger gotischer Bauteil ist heute noch die Sakristei von

Abb. 82
Westfassade des Doms
Der Westbau wurde in der Zeit von 1854–1862 vom Karlsruher Architekten Heinrich Hübsch errichtet.

1409 erhalten. Als im Pfälzischen Erbfolgekrieg französische Truppen die Pfalz verwüsteten, griff der verheerende Brand Speyers auch auf den Dom über. Sämtliche Dächer wurden zerstört und dreieinhalb der sechs Langhausjoche stürzten ein. Im Lauf der Zeit kam es an den erhaltenen Bauteilen zu schweren Folgeschäden. Die beiden Querhausgiebel und der Ostgiebel mussten abgebrochen, die Gewölbe der Krypta, der Apsis, des Querhauses und der Seitenschiffe erneuert werden. 1755 musste auch der einsturzgefährdete Westbau abgerissen werden; kurz darauf wurde der Vierungsturm durch massive Verstärkungen gesichert.

Der Wiederaufbau erfolgte in mehreren Etappen. Ab 1772 wurden unter Ignaz Michael Neumann die eingestürzten Langhausjoche wieder aufgebaut, der geplante neue Westbau aus Kostengründen jedoch durch eine eigenwillige Sparlösung ersetzt. Im 19. Jahrhundert sollte die Ausmalung des Innenraumes unter der Leitung von Johann Baptist Schraudolph und Joseph Anton Schwarzmann sowie die neuromanische Westfassade von Heinrich Hübsch dem Dom seine alte Größe und Erhabenheit wiedergeben. In der Restaurierungsphase von 1957–1971 wurden viele der späteren Veränderungen wieder rückgängig gemacht. Seit 1996 erlebt der Dom eine erneute umfassende Restaurierung, die eines der bedeutendsten romanischen Bauwerke für die nachfolgenden Generationen erhalten soll.

SK

Heinrich IV. – Förderer der Juden von Speyer und Worms

Kaiser Heinrich IV. (1056–1106) ist der erste Herrscher des Heiligen Römischen Reiches, in dessen Gesetzgebung Juden eine Rolle spielen. Die Privilegien von 1074 für Worms und 1090 für die Judengemeinden von Speyer und Worms sind die ältesten Zeugnisse für die Einbeziehung der Juden in die kaiserliche Gesetzgebung. Im Mainzer Landfrieden von 1103 nahm Heinrich IV. erstmals reichsweit die Juden unter kaiserlichen Schutz.

Die Handhabung des Judenrechts im Heiligen Römischen Reich unterschied sich damit wesentlich von dem in anderen europäischen Reichen. In England, Frankreich und auf der Iberischen Halbinsel erfolgte die Ansiedlung von Juden durch den König, der von Anfang an Judenschutz und Judenrecht für sich beanspruchte. Im Heiligen Römischen Reich erfolgten die Regelungen zur Ansiedlung von Juden dezentral durch die jeweiligen Stadtherren, im wesentlichen Bischöfe und Erzbischöfe. So hatten auch die Bischöfe von Worms und Speyer wesentlichen Anteil am Entstehen einer jüdischen Gemeinde in ihren Städten. Juden leisteten als Fernkaufleute und Bankiers einen bedeutenden Beitrag zur Entwicklung der Städte. Als gebildete Menschen, des Lesens und Schreibens kundig und oft mehrerer Fremdsprachen mächtig, gehörten sie zur geistigen Elite der Städte. Ihre Gemeinden waren nicht nur religiöse Gemeinschaften, sondern verfasste Körperschaften mit unabhängiger Verwaltung und Rechtsprechung. Juden besaßen anfangs eine bessere Rechtsstellung als die christliche Bevölkerung der beiden Städte, die von einer verfassten Bürgergemeinde noch weit entfernt waren.

Die jüdische Gemeinde von Worms ist die ältere und entstand bereits im ersten Drittel des 11. Jahrhunderts. Von ihrer Synagoge aus dem Jahr 1034 blieb die Stifterinschrift erhalten. Der Friedhof mit seiner frühesten datierten Bestattung aus dem Jahr 1076/1077 ist der älteste erhaltene jüdische Friedhof und ein einzigartiges Denkmal der jüdischen Religion.

Heinrich IV. besaß enge Bindungen an Worms. Im dortigen Dom sind Mitglieder seiner Familie aus der Zeit ihrer Gaugrafschaft über den Wormsgau beigesetzt. Er selbst hielt sich oft in Worms auf. Während des Aufstandes gegen seine Herrschaft 1073 nahm Heinrich IV. in Worms Zuflucht, wo ihn die Bürger gegen den Widerstand des Bischofs und Stadtherrn Adalbert II. (1070–1107) aufnahmen. Auch die jüdische Bevölkerung der Stadt hielt zu ihm. Von Worms aus sammelte Heinrich IV. eine Streitmacht, mit der er im Februar 1074 zum Angriff gegen die Aufständischen aufbrach. Als Dank für die erwiesene Treue gewährte er den Bewohnern der Stadt Zollfreiheit an sechs königlichen Zollstätten. Adressaten der Urkunde sind zwei Bevölkerungsgruppen: »Iudei et coeteri Vormatienses«, die Juden und die übrigen Wormser. Die Zollfreiheit nutzte vor allem den Wormsern, die Fernhandel betrieben. Dass die Juden an erster Stelle genannt werden, weist auf ihre Vorrangstellung in diesem Erwerbszweig in der Stadt hin.

Zu Speyer hatte Heinrich IV. nicht minder enge Beziehungen. Der Dom war und ist Grablege seiner kaiserlichen Familie. Die jüdische Gemeinde von Speyer entstand im Jahre 1084 auf Initiative des Stadtherrn Bischof Rüdiger Huozmann. In seiner viel zitierten Urkunde gewährte er den Juden Selbstverwaltung und förderte ihre Tätigkeit als Fernkaufleute und Bankiers. Er veranlasste auch die Aufnahme der Speyerer Juden unter den Schutz des Königs: Eine

Abb. 83 **Jüdischer Friedhof »Heiliger Sand« in Worms**. Grabstein des Jakob haBachur von 1076/1077. Jüdisches Museum im Raschi-Haus Worms

dreiköpfige Delegation der jüdischen Gemeinde verhandelte 1090 mit dem in der Stadt weilenden Herrscher. Heinrich IV. nahm die Speyerer Juden unter seinen Schutz und erteilte ihnen unter anderem reichsweit gültige Privilegien für ihre Handelstätigkeit. Da die kaiserliche Kanzlei mit Judenprivilegien nicht vertraut war, leistete die jüdische Delegation, offenbar im Besitz von Vorlagen aus karolingischer Zeit, Formulierungshilfe. Auch die Wormser Judengemeinde erhielt im gleichen Jahr nahezu gleiche Privilegien durch Kaiser Heinrich IV. Trotz des kaiserlichen Schutzes wurden im Jahr 1096 die beiden Judengemeinden Opfer des Kreuzzugspogroms. Nach dem Aufruf Papst Urbans II. zum ersten Kreuzzug im Jahr 1095 lenkten meist nicht von der Kirche autorisierte Prediger die Kreuzzugspropaganda gegen die Juden des Abendlandes. Heinrich IV., der in Apulien weilte, ermahnte auf Grund eines Schreibens des Rabbi Kalonymos von Mainz die Führer der Kreuzzugsbewegung vergeblich zum Schutz der Juden. Im Mai 1096 überfielen Teilnehmer der Kreuzzugsbewegung im Verbund mit städtischen Bewohnern die jüdischen Gemeinden von Speyer, Worms und Mainz. Während in Speyer Bischof Johann durch sein beherztes Eintreten die Zahl der jüdischen Opfer begrenzen konnte, waren in Worms und Mainz mehrere hundert ermordete Juden zu beklagen.

Abb. 84
Ostfassade der Synagoge von Speyer, vollendet 1104.

Die Erlaubnis der Rückkehr zwangsgetaufter Juden zu ihrem Glauben im Jahr 1097 und die Aufnahme der Juden des Reiches in den kaiserlichen Schutz durch den Landfrieden von Mainz im Jahr 1103 sind weitere Maßnahmen Kaiser Heinrichs IV. zur Förderung der jüdischen Gemeinschaften. Die jüdische Gemeinde von Speyer, vom Kreuzzugspogrom am wenigsten betroffen, verlegte nach 1096 den Schwerpunkt ihrer Ansiedlung von dem Bereich nördlich der Kernstadt in die Innenstadt. Dort entstand ein neues Gemeindezentrum mit der 1104 eingeweihten Synagoge und dem gleichzeitig errichteten Ritualbad. Die Ruine der mehrfach veränderten Synagoge und das unzerstört erhaltene Ritualbad sind Zeugnisse jüdischer Sakralarchitektur des Mittelalters von Weltrang.

Heinrich IV. hat als erster Herrscher des Heiligen Römischen Reiches den Judenschutz als Aufgabe der kaiserlichen Zentralgewalt wahrgenommen. Den Anfang bildeten die Privilegien des Jahres 1090 für die Juden von Speyer und Worms. Sie trugen zur positiven Entwicklung der beiden Judengemeinden bei, die bis zur Mitte des 13. Jahrhunderts andauerte. Das Eintreten Heinrichs IV. für den Schutz der Juden vor Anfeindungen der Kreuzzugsbewegung 1096, seine Erlaubnis der Rückkehr der während des Pogroms 1096 zwangsgetauften Juden zum Judentum und die Einbeziehung des Judenschutzes in den Mainzer Landfrieden von 1103 kennzeichnen den Beginn einer Wahrnehmung des Judenschutzes durch die kaiserliche Zentralgewalt, die jedoch seit der Mitte des 13. Jahrhunderts vernachlässigt und immer mehr aufgegeben wurde. Die allmähliche Loslösung der kaiserlichen Zentralgewalt vom Judenschutz unter besonderer Berücksichtigung der damit verbundenen fiskalischen Aspekte trug wesentlich zum Niedergang des städtischen Judentums im Heiligen Römischen Reich des 14. und 15. Jahrhunderts bei.

WT

Abb. **85**
Rekonstruktion der Synagoge von Speyer von Nordwesten: Zustand 1104.
Im Hintergrund Zugang zum Ritualbad.
3-D-CAD Rekonstruktion Architectura Virtualis GmbH, Kooperationspartner der Technischen Universität Darmstadt

Abb. **86**
Fenster aus der Westwand der Synagoge von Speyer. 1104.
Inv. Nr. HM 406

Abb. **87**
Fenster aus dem jüdischen Ritualbad von Speyer
Anfang 12. Jahrhundert.
Inv. Nr. HMP 2001/6

Abb. **88**
Jüdisches Ritualbad von Speyer
Fenster zwischen Vorraum und Tauchschacht.
Anfang 12. Jahrhundert.

Die Bestattung Heinrichs IV.

Von seinem eigenen Sohn verraten und vom Papst aus der Gemeinschaft der Gläubigen ausgeschlossen, starb Kaiser Heinrich IV. am 7. August 1106 in Lüttich. Auf seinem Sterbebett verzieh er seinem Sohn und äußerte als letzten Wunsch, in Speyer an der Seite seiner Vorfahren beigesetzt zu werden. Zunächst allerdings bestattete man den Toten im Westchor des St. Lambert-Doms zu Lüttich. Da Heinrich IV. mit dem Kirchenbann belegt war und damit eine Bestattung in geweihter Erde nicht möglich war, wurde sein Leichnam nach wenigen Tagen wieder exhumiert und in einer ungeweihten Kapelle vor den Toren der Stadt Lüttich aufbewahrt. Kurze Zeit später ließ sein Sohn ihn nach Speyer überführen, wo er am 3. September 1106 eintraf. Eine Bestattung war aber auch im Dom zu Speyer zunächst nicht möglich, daher wurde der Sarkophag in der noch ungeweihten Afrakapelle unbestattet abgestellt. Im Jahr seiner Kaiserkrönung erreichte Heinrich V. die Lösung des Kirchenbanns, sodass Kaiser Heinrich IV. am 7. August 1111, auf den Tag genau fünf Jahre nach seinem Tod, nördlich neben seinem Vater im Königschor des Speyerer Doms in allen Ehren und im Beisein seines Sohnes bestattet werden konnte. Bereits zu seinen Lebzeiten hatte Heinrich IV. im Zuge seiner Umbauarbeiten am Dom den Bereich um die Gräber seines Vaters und seiner Großeltern im Königschor erhöht und somit den repräsentativen Charakter der Grablege gesteigert. Als Bertha, die Gemahlin Heinrichs IV. am 27. Dezember 1087 in Mainz starb, wurde sie zunächst im dortigen Dom begraben. Drei Jahre später ließ Heinrich IV. sie nach Speyer transferieren. Wahrscheinlich war der umfassende Umbau des Doms der Grund für die nachträgliche Beisetzung Berthas in Speyer. Aus ihrem Grab, das südlich neben Kaiserin Gisela angelegt worden war, konnten die Reste des Totenbrettes, mit dem die Gemahlin Kaiser Heinrichs IV. wahrscheinlich nach Speyer überführt worden war, geborgen werden. Das Grab der Kaiserin, das die Jahrhunderte unbeschadet überstanden hatte und am 30. August 1900 geöffnet wurde, enthielt im Gegensatz zu den vorherigen Bestattungen der Salier keine Beigaben. Nur wenige sehr brüchige Gewebereste und einige Erdklumpen, die als »Erde aus Palästina« bezeichnet wurden, barg die Grabungskommission bei der Öffnung des Grabes. Bereits mit der Bestattung seines Vaters, Kaiser Heinrichs III., an der Seite von Konrad und Gisela im Dom zu Speyer, war der erste Schritt hin zu einer dynastischen Grablege erkennbar gewesen. Die Beisetzung Kaiserin Berthas und schließlich Heinrichs IV. selbst in dem von ihm zu gewaltiger Größe ausgebauten Dom verdeutlichen, dass im Mariendom zu Speyer eine dynastische Grablege entstehen sollte.

Abb. 90
Heinrich IV. und seine Gemahlin Bertha
Stadtbibliothek/Stadtarchiv Trier, Hs 1709, f. 72 r

Abb. 89 (Seite 64)
Brustkreuz aus dem Grab Heinrichs IV.
11. Jahrhundert
Kupferblech, vergoldet
Höhe: 7,7 cm
Inv. Nr. D 8

Abb. 91
Afrakapelle an der Nordseite des Doms
In der noch unfertigen Kapelle wurde der Leichnam Heinrichs IV. zwischen 1106 und 1111 aufbewahrt.

Abb. 92
Grabkrone Heinrichs IV.
1106 oder 1111
Kupferlegierung, vergoldet
Durchmesser: 20,9 cm
Inv. Nr. D 7

Abb. 93
Kopfpolster aus dem Grab Heinrichs IV.
1106 oder 1111
Tuffstein
53 x 26 cm
Inv. Nr. D 289

Abb. 94
Kapselkreuz Heinrichs IV.
11. Jahrhundert
Silber, Blei
Höhe: 5,6 cm
Inv. Nr. D 12

Das Grab Heinrichs IV. wurde am 27. August 1900 geöffnet und untersucht. Auch die Bestattung des dritten salischen Herrschers hatte die Jahrhunderte ohne Plünderungen überstanden. Der Kopf lag auf einem Kopfpolster aus Tuffstein. Eine kupferne Grabkrone zeichnet Heinrich IV. über den Tod hinaus als Herrscher aus. Diese Krone war bei der Bergung schon zerbrochen, sodass bei der anschließenden Restaurierung fehlende Teile ergänzt wurden. Der Kronreif mit den vier Lilien erinnert an die Grabkronen Konrads, Giselas und Heinrichs III. Bei der Krone Heinrichs IV. führt zusätzlich ein Bügel in einem halbrundem Bogen von der Stirnseite zum Hinterkopf, der an den Bügel der Reichskrone erinnert. An den erhaltenen Originalfragmenten der Krone lassen sich Reste von Feuervergoldung feststellen.

Auf der Brust Kaiser Heinrichs IV. lagen zwei Kreuze aus Metall. Das größere der beiden Kreuze besteht aus vergoldetem Kupferblech. Auf der Vorderseite ist die Darstellung des Gekreuzigten mit ausgebreiteten Armen und geneigtem Kopf eingeritzt, über ihm die Hand Gottes. Der Querarm des oberen Kreuzbalkens, auf dem die Inschrift IHC zu erkennen ist, scheint bereits alt gebrochen zu sein. Während alle bisherigen Veröffentlichungen das Kreuz in die Zeit unmittelbar vor der Grablege datieren, datiert Thomas Meier (1998) das Brustkreuz aufgrund von stilistischen Merkmalen der Darstellung des Gekreuzigten in das erste Jahrzehnt des 11. Jahrhunderts. Damit wäre das Kreuz zur Zeit der Grablege Heinrichs IV. bereits etwa ein Jahrhundert alt gewesen.

Das zweite Kreuz, das auf der Brust Kaiser Heinrichs IV. lag, ist ein aus Silber bestehendes Kapselkreuz, das wahrscheinlich zur Aufbewahrung einer Reliquie bestimmt war. Es besteht aus zwei sehr unterschiedlichen, zusammenklappbaren Hälften. Auf der einen Hälfte, die sich durch eine qualitätvolle Ausführung auszeichnet, sind am oberen und unteren Rand die Reste von Perlstäben, Ösen und einer Scharnierkonstruktion erkennbar. Die Gegenhälfte ist von geringerer handwerklicher Qualität, passt kaum mit der anderen Hälfte zusammen und weist weder Verzierungen noch Befestigungsmöglichkeiten auf. Da eine Metallanalyse für beide Teile identische Ergebnisse brachte, handelt es sich bei der weniger qualitätsvollen Hälfte wohl um eine spätere Umarbeitung der Originalhälfte. Beide Teile sind mit einer wachsartigen Masse gefüllt, in die wahrscheinlich einst eine Reliquie gebettet war. Die Herkunft der qualitätsvollen Hälfte aus dem südosteuropäischen Raum, die Thomas Meier (1998) feststellen konnte, belegt, dass es sich bei dem Kreuz nicht um eine Grabanfertigung handelt. Auch das verwendete Silber entspricht nicht den in Speyer für Grabanfertigungen üblichen minderwertigen Materialien. Nicht zuletzt die Reparatur zeigt, dass das Kreuz vor der Bestattung Heinrichs IV. tatsächlich getragen wurde.

Abb. 95
Fingerring Heinrichs IV.
Ende 11. Jahrhundert
Gold, Saphir, Perlen
Höhe: 3,7 cm
Inv. Nr. D 617

Aus dem Grab Heinrichs IV. stammt auch der einzige Fingerring der Speyerer Königsgräber. Er wurde am Ringfinger der rechten Hand des Kaisers gefunden. Der Goldring mit seiner hohen Arkadenfassung und einem zentralen Saphir, der von drei Perlen umgeben ist, fällt unter den Grabbeigaben der Salier aufgrund seiner edlen Materialien auf. Offensichtlich handelt es sich bei dem wertvollen Ring ebenfalls nicht um eine Grabanfertigung für Heinrich IV., sondern um einen Ring, der bereits zu Lebzeiten des Kaisers getragen worden war. Auf der Außenseite der Ringschiene ist die Inschrift ADELBERO EP(iscopu)S zu lesen, nennt also einen Bischof Adelbero oder Adalbero. Der Ring stammt daher ursprünglich nicht aus dem persönlichen Besitz des verstorbenen Kaisers, vermutlich handelt es sich um ein Geschenk. Die Inschrift wird mit Bischof Adalbero von Metz (1047 – 1072) in Verbindung gebracht, allerdings kommen weitere Bischöfe des 11. Jahrhunderts mit diesem Namen in Frage.

EH

Die Textilfunde aus dem Grab Heinrichs IV.

Abb. 96
Kronhaube aus dem Grab Heinrichs IV.
11. Jahrhundert
Seidengewebe, Goldbänder
Höhe: 12 cm
Inv. Nr. D 330

Laut Grabungsprotokoll wurde der Sarkophag Heinrichs IV. am 27. August 1900 geöffnet und der Inhalt entnommen. Die Beschreibung der Grablege gibt bedingt Aufschluss über die textile Ausstattung des Leichnams. Unter der Grabkrone fand man die heute noch vorhandene Kronhaube. Von dem als Kopfunterlage dienenden geknüpften Teppich sind mehrere kleine Fragmente erhalten, aber die über der Leiche festgestellte Wolldecke war wohl so zerstört, dass kein Fragment aufbewahrt wurde. Die einzelnen Gewänder des Bestatteten sollten für genauere Angaben erst noch untersucht werden, ein gemustertes Seidengewebe hat sich erhalten. Von den im Protokoll genannten zwei Schuhen blieb die Rekonstruktion eines Schuhs.

Bis zum Jahre 1905 wurden am Bayerischen Nationalmuseum in München mit den damaligen Möglichkeiten sorgfältige Konservierungsmaßnahmen an den textilen Grabfunden durchgeführt. Nach jahrzehntelanger Ausstellung war in den 60er Jahren des 20. Jahrhunderts eine erneute Konservierung notwendig, und wiederum in München erfolgten Sicherung, umfassende textiltechnische Untersuchungen und eine kunsthistorische Einordnung. Weitere Erkenntnisse bei der Analyse und verbesserte Bedingungen zur Erhaltung sind das Ziel der heutigen Maßnahmen.

Die Kronhaube wurde um 1905 anhand der geborgenen Fragmente rekonstruiert und zeigt sich heute als Gebilde aus ergänztem hellrotem Seidengewebe mit den originalen Brettchenborten an der Unterkante und über dem Kopf. Die ehemals farbigen und goldglänzenden Borten sind verbräunt und abgerieben, sodass sich das Muster nur noch durch feine Vertiefungen abzeichnet. Ein kompliziertes

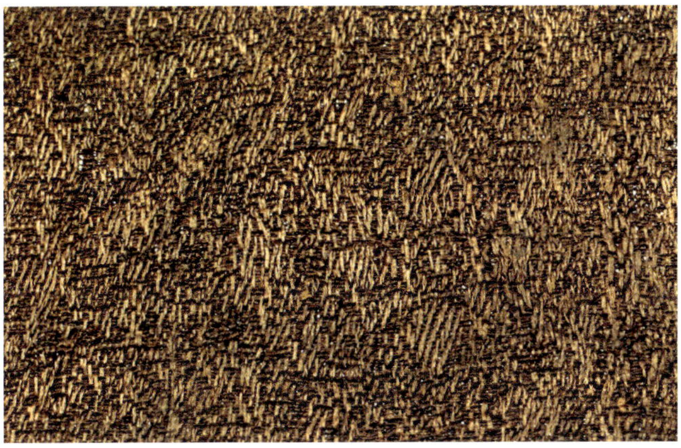

Abb. 97
Seidenfragment, dem Mantel oder der Tunika Heinrichs IV. zugeschrieben
11. Jahrhundert, Seide, Inv. Nr. D 331
Die insgesamt fünfzehn Fragmente des ursprünglich zweifarbigen Seidengewebes wurden in einer äußerst seltenen Variante der Samitbindung hergestellt. Samit bezeichnet ein aus dem Orient oder Ostrom stammendes Seidengewebe.

Abb. 98
Fragment vom Knüpfteppich aus dem Grab Heinrichs IV.
11. Jahrhundert, Wolle, Inv. Nr. D 520
Der Knüpfteppich diente im Grab als Unterlage für den Kopf des Kaisers.

Flechtbandmuster in der Mitte wird von Streifen mit Schachbrettmuster und Zickzackband begleitet. Die Borten wurden im 11. Jahrhundert im deutschsprachigen Raum angefertigt. Bemerkenswert sind die Nackenbänder, die man üblicherweise nur bei der Bischofsmitra vorfindet.

Die vier kleinen Teppichfragmente sind ein seltenes Beispiel für die frühe Kunst des Knüpfens. Trotz der fortgeschrittenen Zersetzung der Wolle sind Knüpftechnik und Farbigkeit noch erkennbar. In das Grundgewebe in Leinwandbindung aus dünnen Kettfäden und dicken gezwirnten Schussfäden sind die Florfäden in Rot, Gelbbraun und Schwarzbraun eingeknüpft, jeweils ein Knoten um einen Kettfaden in versetzter Reihung. Diese seltene Knüpftechnik weist in den Orient oder in das islamische Spanien des 11. Jahrhunderts als Herkunftsort. Trotz der erhaltenen Farbigkeit lässt sich ein Muster nicht rekonstruieren.

Die fünfzehn Fragmente eines gemusterten Seidengewebes in Samitbindung werden dem Mantel oder der Tunika des Bestatteten zugeschrieben. Die Seide ist dunkel verbräunt und äußerst brüchig, das Muster kaum erkennbar. Trotzdem zeigt sich bei genauer Betrachtung ein kleines Fliesenmuster, ehemals zweifarbig gestaltet. In versetzten Reihen wechseln eine achtblättrige Rosette in einem achteckigen Sternenrahmen und kleine achtblättrige Blüten in einer Kreisform. Bei zwei Fragmenten findet sich am unteren Rand ein Querstreifen mit wiederkehrendem Muster, oben und unten begrenzt von farbigen Linien. Aufgrund der Zersetzung sind die Motive sehr reduziert und werden als Hund und Vogel, getrennt durch einen Ast, gedeutet. Von webtechnischem Interesse ist der breite ungemusterte Randstreifen, der noch die Webkante aufweist. Eine Farbstoffanalyse soll Aufschluss über die ursprüngliche Farbigkeit des Seidengewebes geben. Vergleichbare Seidengewebe mit identischen Mustern aus anderen Sammlungen zeigen Farbkombinationen von Grün und Rosa oder Gelb und Blau. Das Gewebe wird dem islamisch-kleinasiatischen Kulturkreis zugeordnet und stammt aus dem 11. Jahrhundert. In den Jahren 1082 und 1083 erhielt Heinrich IV. als Geschenk von dem byzantinischen Kaiser Alexios eine große Anzahl seidener Gewänder und andere Kostbarkeiten. Könnte das Seidengewebe auf diese Weise seinen Weg nach Speyer gefunden haben?

Die Fragmente eines Lederschuhs wurden 1905 durch das Aufkleben auf einen Holzleisten fixiert und fehlende Partien durch Malerei ergänzt. Die starke Zerstörung des Leders und weitere Verluste auf der Holzform machen es heute schwierig, eine Vorstellung von dem ehemaligen Aussehen der Schuhe zu gewinnen. Es scheinen zwei Lederschichten vorzuliegen, vielleicht der eigentliche Oberschuh und das als Zierrat aufgelegte vergoldete Leder, das in Ornamentformen geschnitten und mit Seidenstickerei appliziert war. Die am Knöchel schmal auslaufenden Laschen wurden sicherlich mit einem Band zusammengehalten.

BD

Abb. 99
Textilrestauratorin Brigitte Dreyspring
bei ihrer Arbeit an der Kronhaube aus dem Grab Heinrichs IV.

Die Bestattung Heinrichs V.

Heinrich V. ist der erste Kaiser der Reichsgeschichte, der seinen Vater absetzte. Durch eine List hatte er Heinrich IV. gefangen genommen und ihn zur Übergabe der Reichsinsignien gezwungen. Die bildlichen Überlieferungen aus dieser Zeit zeigen allerdings ein anderes Bild. Eine Zeichnung aus der Ekkehard-Handschrift stellt eine friedliche Insignienübergabe von Heinrich IV. auf Heinrich V. dar. Ebenfalls in dieser Zeit entstand das berühmte Salierstemma, das eine ungebrochene Kontinuität innerhalb einer stabilen Dynastie von Konrad II. bis hin zu Heinrich V. zeigt. Beide Bilder stammen aus dem Umfeld des jungen Königs und entstanden in den Jahren um 1106 und 1107. In dieser Zeit veranlasste Heinrich V., den Leichnam seines Vaters nach Speyer zu überführen. In den folgenden Jahren setzte er sich für die Lösung des Kirchenbannes ein und ließ Heinrich IV. im Jahr 1111 mit allen Ehren im Dom bestatten. Auch hinter diesen Bemühungen Heinrichs V. kann man die Dokumentation der dynastischen Einheit erkennen, die auch durch die vollständige Grablege der salischen Kaiser im Dom zu Speyer vermittelt wird. Ohne Nachkommen starb Kaiser Heinrich V. am 23. Mai 1125 in Utrecht. In der Reihe der Gräber im Königschor war für eine weitere Bestattung kein Platz mehr, sodass man seinen Sarkophag schräg über die Gräber von Heinrich III. und Heinrich IV. stellte. Für den letzten salischen Kaiser wurde kein neuer Sarkophag angefertigt, sondern ein vorhandener spätrömischer Sarg verwendet. Dieser war offensichtlich zu kurz, denn die Schmalseite am Fußende wurde entfernt und der Sarkophag mit Backsteinen verlängert. Das gesamte Areal wurde um mehr als einen Meter aufgeschüttet, sodass der Sarg nicht mehr zu sehen war.

Abb. **100** (Seite 70)
Heinrich IV. übergibt die Reichsinsignien an seinen Sohn Heinrich V.
Die Darstellung aus der Chronik des Ekkehard von Aura (ca. 1106) vermittelt den Eindruck, die Übergabe der Reichsinsignien sei friedvoll und in gegenseitigem Einvernehmen erfolgt.
Staatsbibliothek Berlin, Stiftung Preußischer Kulturbesitz, Ms. Lat. Fol. 295, 99 r

Abb. **101**
Medaillon mit dem Portrait Heinrichs V.
Stadtbibliothek/Stadtarchiv Trier, Hs 1709, f. 72 r

Abb. 102
Sarkophag Heinrichs V.
Für den letzten salischen Kaiser fertigte man keinen eigenen Sarkophag an, sondern verwendete einen vorhandenen, spätrömischen Steinsarg. Die Aufnahme entstand bei der Öffnung der Kaisergräber im Jahr 1900.

Abb. 103
Kreuz aus dem Grab Heinrichs V.
1125
Blei
Höhe 4,6 cm
Inv. Nr. D 9

Im Jahr 1689, während des Pfälzischen Erbfolgekrieges gegen Frankreich, setzten französische Truppen am 31. Mai 1689 die Stadt Speyer in Brand. Das Feuer griff nach zwei Tagen auch auf den Dom über, der vollständig ausbrannte. Wohl in der Hoffnung, reiche Beigaben zu finden, brachen in diesen Tagen Plünderer einige Gräber im Dom zu Speyer auf. Unter ihnen auch das Grab Kaiser Heinrichs V. Vermutlich vertrieb das Feuer im Dom die Plünderer, sodass die tiefer gelegene Reihe der Saliergräber verschont blieb. Von der Bestattung lagen nur die Gebeine von den Knien abwärts noch in ihrer ursprünglichen Lage, als die Grabungskommission am 21. August 1900 das Grab des Kaisers untersuchte. Die restlichen Knochen lagen auf einem Haufen im Sarg. Wie bei Heinrich IV. war auch der Kopf Heinrichs V. auf ein Kopfpolster aus Tuffstein gebettet. Von den Beigaben des letzten salischen Kaisers ist nur sehr wenig erhalten. Dazu zählt ein kleines Kreuz aus Blei, das aus zwei übereinandergelegten Blechen besteht. Am Ende eines Armes ist deutlich eine Bruchkante zu erkennen. Die Funktion dieses kleinen Kreuzes ist bisher ungeklärt. Die Größe und die Materialstärke unterscheiden sich nicht wesentlich von den Grabkronen aus den anderen Saliergräbern. Auch die Kupferkronen Giselas und Konrads II. sind mit einem Kreuz versehen. Auffällig ist das Material, allerdings sind Grabkronen aus Blei für König Lothar III. und seine Frau Richenza in Königslutter bezeugt. Eventuell handelt es sich um den abgebrochenen Aufsatz einer geraubten Grabkrone aus Blei. Denkbar wäre ebenso eine Funktion als Grabkreuz, wie es auch aus dem Grab Heinrichs IV. bekannt ist.

Einige wenige lose und unordentlich verschlungene Goldfäden konnten bei der Graböffnung im Jahr 1900 ebenfalls geborgen werden. Es ist nicht mehr möglich zu bestimmen, ob sie von einem Bandgewebe oder von einer Stickerei stammen. Erhalten hat sich nur der Goldlahn, die Seidenseele ist verloren. Neben einigen wenigen Lederresten, von denen einige den Schuhen zugeordnet werden konnten, sind nur noch die Fragmente eines Sporenpaares aus Eisen mit wenigen erkennbaren Resten von Vergoldung aus dem Grab Heinrichs V. erhalten. Sie gehörten wohl zu den Schuhen des Kaisers und zählen eher nicht zu den Beigaben.

EH

Abb. 104
Goldfäden aus dem Grab Heinrichs V.
Inv. Nr. D 14

Abb. 105
Sporen Heinrichs V.
2. Hälfte 11. – 1. Hälfte 12. Jahrhundert
Eisen, feuervergoldet
Länge: ca. 5,8 cm
Inv. Nr. D 13 a/b

Der Speyerer Dom als königliche Grablege

Abb. 106
Gruftanlage im Dom zu Speyer
mit den Gräbern der Kaiserinnen und Kaiser.

Seine herausragende Bedeutung verdankt der Speyerer Dom nicht nur seinen riesigen Dimensionen und der großartigen romanischen Baugestalt, sondern auch seiner Funktion als kaiserliche und königliche Grablege. Wenn der englische Mönch Ordericus Vitalis 1125 von Speyer als der »metropolis germaniae« spricht, also eine Bezeichnung verwendet, die eigentlich dem Sitz eines Erzbistums vorbehalten war, dann würdigt er mit diesem Ehrentitel die außerordentliche Bedeutung, die die kaiserliche Grablege dem Dom und damit der Stadt Speyer verleiht. Anders als die vorangegangenen Herrscher, die an jeweils unterschiedlichen Orten begraben sind, wählten die salischen Kaiser, die ein ausgeprägtes Bewusstsein für die Kontinuität der eigenen Dynastie besaßen, den Speyerer Dom als Familiengrablege aus.

Die heutige Gruftanlage täuscht über den ursprünglichen Zustand der kaiserlichen Grabstätte hinweg. Tatsächlich befand sie sich nie in einer Gruft, sondern in der Oberkirche am östlichen Ende des Mittelschiffs. Von dort führten damals die Treppen in die Krypta hinab und die ersten beiden Bestattungen – 1039 Konrad II. und 1043 seine Gemahlin Gisela – wurden im noch unvollendeten Dom zwischen diesen Treppen in den Boden des Mittelschiffs eingelassen. Die schlichte Grabstätte genügte dem Repräsentationsbedürfnis des Kaiserhauses jedoch nicht lange. Spätestens anlässlich des Todes von Heinrich III. 1056 erfolgte ein Umbau, der mehr Platz für die Grabstätte schuf. Die Vorkrypta wurde teilweise abgebrochen und die Treppen zur Krypta in die Seitenschiffe verlegt. Das gesamte Areal wurde mit steinernen Schranken eingefasst. Die Gräber lagen nun in einem großen abgesonderten Bezirk im Ostteil des Mittelschiffs.

Schon zu Beginn seiner Regierungszeit steigerte Heinrich IV. den repräsentativen Charakter der Königsgrablege erneut: Der Bereich um die drei Gräber wurde durch eine Aufschüttung erhöht und die Grablege vermutlich durch ein Monument gekennzeichnet. Aus einer Stiftung Kaiser Heinrichs IV. für seine Tochter Adelheid geht hervor, dass auch sie im Speyerer Dom beigesetzt wurde; allerdings nicht in der Grablege im Mittelschiff, sondern in der Krypta. Bislang ist es nicht gelungen, das Grab der Adelheid zu identifizieren. Nach der Beisetzung Heinrichs IV. und seiner Gemahlin Bertha, die 1111 bzw. 1090 in die Speyerer Grablege umgebettet wurden, war die Grablege im Speyerer Dom in ihrer vollen Breite ausgenutzt. Der Sarg Heinrichs V. musste daher auf die älteren Gräber gestellt werden.

Am Ende des 12. Jahrhunderts griffen die Staufer die Tradition der Grablege in Speyer auf. Sie verlängerten den erhöhten Bereich im Mittelschiff nach Westen und begannen eine zweite Reihe von Bestattungen. Kaiserin Beatrix von Burgund, die Gemahlin Friedrichs I. Barbarossa, wurde 1184 gemeinsam mit ihrer kleinen Tochter Agnes in Speyer beigesetzt. 1213 ließ Kaiser Friedrich II. König Philipp von Schwaben, den jüngsten Sohn Barbarossas, nach Speyer überführen, wobei man zwischen ihm und seiner Mutter Beatrix eine Lücke in der Mittelachse der Gräberreihe ließ. Möglicherweise hat man diesen Platz in der Mitte der Königsreihe zunächst für Kaiser Barbarossa freigehalten. Da sein Leichnam jedoch nach seinem Tod auf dem dritten Kreuzzug in Kleinasien verschollen blieb, war mit Philipp von Schwaben die Zeit der Staufer für Speyer beendet. Der Platz in der Mittelachse der Grablege wurde erst 1291 mit König Rudolf von Habsburg, dem Stammvater der habsburgischen Dynastie, belegt.

1309 wurden auf Veranlassung König Heinrichs VII. von Luxemburg die Leichname der beiden verfeindeten Könige Albrecht von Österreich und Adolf von Nassau nach Speyer überführt und in der Königsreihe beigesetzt. Für sie wurden keine neuen Grä-

Abb. 107
Der Dom von Süden
Trotz der vielen Umbauten im Laufe der Jahrhunderte blieb der romanische Charakter des Doms erhalten. Bis heute prägt das Bauwerk die Silhouette der Stadt.

Abb. 108
Grabplatte Rudolfs von Habsburg
Rudolf von Habsburg starb im Jahr 1291 in Speyer. Das Grabplatte mit dem Bildnis des Königs, das zu den ältesten Darstellungen des Mittelalters mit porträthaften Zügen zählt, befindet sich heute in der Vorkrypta des Speyerer Doms.

ber angelegt: Albrecht kam als Zweitbestattung in das Grab von Beatrix, Adolf in das Grab von Prinzessin Agnes. Im Grab der Beatrix fand man damals eine kupferne, vergoldete Grabkrone und eine Inschrifttafel aus Blei; beides wurde später bei der Plünderung des Grabes im Pfälzischen Erbfolgekrieg geraubt. Im 12. und 13. Jahrhundert wurden fünf Bischöfe in einer dritten Grabreihe beigesetzt. Bis 1689 kennzeichnete ein tumbaartiges Monument am Ostende des Mittelschiffs die Grablege. Auf einem rechteckigen Unterbau waren flache Marmorplatten, deren Inschriften die Bestatteten nannten, angebracht. Im 15. Jahrhundert bekam der Königschor eine reiche Ausstattung, zu der ein großer Lettner, das Gestühl für die Stuhlbrüder, zwei Reliefs mit den acht im Dom bestatteten Königen, sowie zahlreiche Grabampeln und Wappen gehörten.

Die gesamte Einrichtung des Königschores wurde im Pfälzischen Erbfolgekrieg 1689 zerstört. Plündernde französische Soldaten brachen auch einen Teil der Gräber in der Hoffnung auf wertvolle Grabbeigaben auf. Die Grablege wurde in der Folge eingeebnet und der Königschor mit neuen Steinplatten gedeckt. Eine erste Graböffnung fand bereits im Jahre 1739 auf Betreiben von Kaiser Karl VI. statt, der Genaueres über das Grab seines Ahnherren Rudolf von Habsburg erfahren wollte. Das größte Hindernis stellte zunächst die Auffindung der Gräber dar, denn bereits fünfzig Jahre nach den schweren Zerstörungen von 1689 war das Wissen um die Stelle, an der sich die Grablege im Dom befand, fast vollständig in Vergessenheit geraten. So war man überzeugt, es müsse sich um eine Gruft handeln, zu der man vergeblich mittels eines Wanddurchbruchs in der Krypta vorzustoßen suchte. Erst ein betagter Augenzeuge der Plünderungen konnte den entscheidenden Hinweis zur Lage der Gräber geben. Im Verlauf der Grabung, die nach Intervention des Bischofs schon nach wenigen Tagen wieder eingestellt werden musste, wurde jedoch nur ein einziges Grab geöffnet: das Doppelgrab von Albrecht von Österreich und der Beatrix von Burgund. Die beiden Toten wurden in einer neu angefertigten Eichenholzkiste wieder beigesetzt. Nach seiner notdürftigen Wiederherstellung im 18. und 19. Jahrhundert hat der Königschor offenbar als weitgehend leere Plattform bestanden. Einzige Ausstattung waren die Denkmäler für Adolf von Nassau und Rudolf von Habsburg, die 1824 und 1843 von David Ohnmacht und Ludwig von Schwanthaler errichtet wurden und sich heute in der Vorhalle des Doms befinden.

Auslöser für die Öffnung und Untersuchung der Gräber im Königschor im Jahr 1900 war eine Veröffentlichung des Münchener Gymnasialprofessors Johann Praun im Jahr 1899. Darin beklagte er den traurigen Zustand der Grablege und warb eindringlich für eine Wiederherstellung der geschändeten Gräber. Mit seiner Publikation konnte Praun auch Kaiser Franz Joseph von Österreich und den Prinzregenten Luitpold von Bayern für das Anliegen gewinnen. Der Bischof von Speyer und das Domkapitel stimmten unter der Bedingung zu, dass die Diözese die Kosten nicht zu übernehmen habe, der Gottesdienst im Dom möglichst wenig gestört werde und eine Kommission von Gelehrten und Fachleuten zur Durchführung der Grabung berufen werde. Am 16. August 1900 begann die Kommission unter dem Vorsitz des Mittelalterhistorikers der Universität München, Hermann Grauert, die Grabung im Königschor des Speyerer Doms.

Die Untersuchung konnte die zuvor kontrovers diskutierte Lage und Identität sämtlicher Bestattungen klären. Lediglich die Bischofsgräber konnten nicht eindeutig zugeordnet werden. Besonders erfreulich war die Erkenntnis, dass mit Ausnahme des Grabes

Abb. 109
»Schwartzenberger'sche Zeichnung«, Ansicht des Doms von Norden. Die Tuschzeichnung zeigt den Zustand des Doms nach den ersten notdürftigen Sicherungen in den Jahren vor 1755. Die schweren Beschädigungen durch den Pfälzischen Erbfolgekrieg im Jahr 1689 sind gut zu erkennen.
Inv. Nr. HMP BS 3033

von Heinrich V. alle Saliergräber die Jahrhunderte ungestört überstanden hatten. Die Gräber der Königsreihe waren jedoch bis auf das Grab Philipps von Schwaben geplündert worden. Die sterblichen Überreste der meisten Salier waren fast vollständig vergangen und zerfielen beim Versuch der Bergung zu Staub. Die Skelette von Heinrich IV. und Heinrich V. und die der späteren Bestattungen hatten sich dagegen, abgesehen von den Verlusten durch die Grabschändungen, vergleichsweise gut erhalten. Bereits am 2. September war die eigentliche Grabung abgeschlossen. Man hat also in nur achtzehn Tagen achtzehn Gräber mit zwanzig Bestattungen geöffnet, die Toten mitsamt ihren Beigaben, darunter hoch fragile Textilien, entnommen, und bereits einen Tag später wieder provisorisch beigesetzt. Diese Eile erklärt sich wohl zum Teil aus dem Bedürfnis, den Dom so bald wie möglich wieder für Gottesdienste nutzen zu können, vielleicht auch aus dem Wunsch heraus, die Totenruhe nicht länger als irgend möglich zu stören. Allerdings nahm man dabei auch die Zerstörung bzw. Beschädigung mancher Funde in Kauf.

Am 3. September 1900 fand die provisorische Wiederbestattung der sterblichen Überreste statt. Die Kleidung und andere Grabbeigaben wurden entnommen und zur Konservierung ins Bayerische Nationalmuseum München verbracht. Am 19. Dezember 1902 wurden die Toten endgültig in einer neu über der Grablege erbauten Gruft beigesetzt. 1961 wurde ein Teil der Vorkrypta wieder hergestellt und dient nun als Vorraum zur Gruft, in der die Besucher des Doms die Möglichkeit haben, der toten Kaiserinnen und Kaisern auf angemessene Weise zu gedenken.

SK

Abb. 110
Aufnahme der Ausgrabung
Das Bild zeigt den Stand der Arbeiten am 23. August 1900. Die Grabungskommission öffnet das Grab von Konrad II.

Ausgewählte Literatur

Becher, Matthias
Heinrich IV. (1050–1106), in: Bernd Schneidmüller und Stefan Weinfurter (Hg.), Die deutschen Herrscher des Mittelalters. Historische Portraits von Heinrich I. bis Maximilian I., München 2003, S. 154–180.

Bönnen, Gerold
Worms: Die Juden zwischen Stadt, Bischof und Reich, in: Christoph Cluse (Hg.), Europas Juden im Mittelalter – Beiträge des internationalen Symposiums in Speyer vom 20.–25. Oktober 2002, Trier 2004, S. 432–442.

Börsch-Supan, Helmut
Die deutsche Malerei von Anton Graff bis Hans von Marées 1760–1870, München 1988.

Boshof, Egon
Heinrich IV. Herrscher an einer Zeitenwende, 2., überarbeitete Auflage, Göttingen 1990.

Boshoff, Egon
Die Salier, Stuttgart 2000.

Ehlers, Caspar
Metropolis Germaniae. Studien zur Bedeutung Speyers für das Königtum (751–1250), Göttingen 1996.

Grupe, Gisela und Kerrin Christiansen, Inge Schröder, Ursula Wittwer-Backofen
Anthropologie. Ein einführendes Lehrbuch, Berlin, Heidelberg 2005.

Hager, Werner
Geschichte in Bildern. Studien zur Historienmalerei des 19. Jahrhunderts, Hildesheim 1989.

Helmer, Richard
Identifizierung unbekannter unkenntlicher Leichen mittels bildtechnischer oder rekonstruktiver Verfahren, in: Dieter Leopold (Hg.), Identifikation unbekannter Toter, Lübeck 1998, S. 449–501.

Kaufmann, Sabine (Hg.)
Kaiserdom und Domschatz, Mainz 2003.

Kubach, Hans Erich und Walter Haas
Der Dom zu Speyer. Die Kunstdenkmäler von Rheinland-Pfalz 5, 3 Bände, München 1972.

Kubach, Hans Erich
Der Dom zu Speyer, Darmstadt 1998.

Meier, Thomas
Die Königsgrablege im Dom zu Speyer und die Archäologie des mittelalterlichen Königsgrabes im christlichen Europa, Teil 1: Die Königsgrablege im Dom zu Speyer. Unpubl. Diss. 1998.

Meier, Thomas
Die Archäologie des mittelalterlichen Königsgrabes im christlichen Europa (Mittelalter-Forschungen, Bd. 8), Stuttgart 2002.

Prag, John and Richard Neave
Making Faces. Using forensic and archaeological evidence, British Museum Press 1997.

Schulze, Hans K.
Hegemoniales Kaisertum. Ottonen und Salier, Berlin 1998.

Subke, Jörg and Michael Wittke
CAD enhanced soft tissue reconstruction in forensics with Phantom 3D Touch – an electronic modelling tool with haptic feedback. BKA Research Series 31 – 2, 2005.

Transier, Werner
Speyer: Die jüdische Gemeinde im Mittelalter, in: Christoph Cluse (Hg.), Europas Juden im Mittelalter – Beiträge des internationalen Symposiums in Speyer vom 20.–25. Oktober 2002, Trier 2004, S. 420–431.

Weinfurter, Stefan
Das Jahrhundert der Salier 1024–1125. Kaiser oder Papst?, Ostfildern 2004.

Wilkinson, Caroline
Forensic Facial Reconstruction, Cambridge 2004.

Zimmermann, Harald
Der Canossagang von 1077. Wirkung und Wirklichkeit, Mainz 1975.

Abbildungsnachweis

Akg-images GmbH, Berlin: Abb. 21
Architectura Virtualis GmbH, Kooperationspartner der TU Darmstadt: Abb. 85
Ausstellungsgesellschaft Paderborn mbH; Foto Axel Thünker, Bad Münstereifel: Abb. 13
Bayrische Staatsbibliothek München: Abb. 2
Bibliotheca de San Lorenzo, El Escorial Madrid: Abb. 72
Biomechanik-Labor, Fachhochschule Giessen-Friedberg: Abb. 45, 46, 47, 48, 49, 50
Domkapitel Aachen, Foto Ann Münchow: Abb. 1
Domkapitel Speyer, Foto R.J. Deckers-Matzko: Abb. 79
Domschatzkammer im Historischen Museum der Pfalz Speyer, Foto Peter Haag-Kirchner: Abb. 63, 64, 65, 67, 68, 69, 70, 73, 89, 92, 93, 94, 95, 96, 103, 104, 105
Dr. Ludwig Reichert Verlag, Wiesbaden: Abb. 75
Estonian History Museum, Tallinn/Estland, Foto Peter Haag-Kirchner: Abb. 4
Generallandesarchiv Karlsruhe: Abb. 12, 71, 74
Helmer, Richard; Institut für Angewandte Forensische Anthropologie: Abb. 51, 52, 53, 54, 55, 56, 57
Hennes, Christoph, Köln; Historisches Archiv der Stadt Köln: Abb. 11
Historisches Museum Frankfurt am Main; Foto Horst Ziegenfusz: Abb. 19
Historisches Museum der Pfalz Speyer, Foto Jakob Schröck: Abb. 29, 40, 66, 102, 110
Historisches Museum der Pfalz Speyer, Foto Peter Haag-Kirchner: Abb. 26, 58, 62, 76, 78, 80, 81, 82, 84, 86, 87, 88, 91, 97, 98, 99, 106, 107, 108, 109; Karte Umschlag: Kluge Gestaltung (nach Stefan Weinfurter)
Interdisziplinäres Institut für Computergestützte Medizin (ICM) Mannheim: Abb. 30, 31, 32, 33, 34, 35, 36, 37a, 37b, 38a, 38b
Jüdisches Museum im Raschi-Haus, Worms: Abb. 83
Kunsthistorisches Museum Wien: Abb. 15
Landesamt für Denkmalpflege Rheinland-Pfalz, Archäologische Denkmalpflege Amt Speyer, Foto Peter Haag-Kirchner: Abb. 6
LMZ RP/Gustav Rittstieg: Abb. 77
Neugebauer, Anton: Abb. 22
Rheinisches Bildarchiv, Köln: Abb. 20, 23
Staatsbibliothek Berlin, Stiftung Preußischer Kulturbesitz: Abb. 17, 18, 28, 60, 100
Stadtbibliothek/Stadtarchiv Trier; Foto Anja Runkel: Abb. 3, 59, 61, 90, 101
Stadtmuseum Düsseldorf: Abb. 27
Stiftung Maximilianeum München: Abb. 25
Thüringer Universitäts- und Landesbibliothek Jena: Abb. 5, 16
Universitätsbibliothek Bremen: Abb. 10
Universitäts- und Landesbibliothek Darmstadt: Abb. 7
Vereinigte Domstifter zu Merseburg und Naumburg und des Kollegiatstifts Zeitz, Bildarchiv Merseburg: Abb. 14
Verlag Schadach, Goslar: Abb. 8, 9, 24
Wittwer-Backofen, Ursula; Institut für Humangenetik und Anthropologie, Universität Freiburg: Abb. 39, 41, 42, 43, 44

Mit HM oder HMP beginnende Inventarnummern bezeichnen Exponate aus den Sammlungen des Historischen Museum der Pfalz Speyer, mit D beginnende Inventarnummern Exponate aus dem Domschatz im Historischen Museum der Pfalz Speyer.

Wir danken dem Domkapitel Speyer und allen Leihgebern für ihre Unterstützung der Ausstellung.

Impressum

Begleitbuch

Herausgeber
Historisches Museum der Pfalz Speyer

Autoren
Isabella Blank (IB)
Brigitte Dreyspring (BD)
Richard Helmer (RH)
Jürgen Hesser (JH)
Ellen Horstrup (EH)
Sabine Kaufmann (SK)
Anton Neugebauer (AN)
Grit Schlotthauer (GS)
Jörg Subke (JS)
Werner Transier (WT)
Ursula Wittwer-Backofen (UWB)

Redaktion
Ellen Horstrup

Gestaltung
Klemens Kluge,
Kluge Gestaltung, Landau

Key Visual
POZZI 7, Mannheim

Druck
Nino Druck GmbH, Neustadt an der Weinstraße

ISBN 3-00-018647-6 (bis 31.12.2006)
ISBN 978-3-00-018647-9 (ab 01.01.2007)

Ausstellung

Gesamtleitung
Alexander Koch

Projektleitung und wissenschaftliches Konzept
Ellen Horstrup
unter Mitarbeit von Isabella Blank

Ausstellungsgestaltung
Wolfgang Leitmeyer

Öffentlichkeitsarbeit und Marketing
Elke Jahnke

Ausstellungsbüro
Colette Neufurth

Internet und Multimedia
Dieter Becker

Restauratoren
Martin Spies
sowie Brigitte Dreyspring, Wiesbaden

Technik
Winfried Grundhöfer

Verwaltung
Gerhard Bossert

Fotografie
Peter Haag-Kirchner

Multivision
k.AT – KulturProjekte Arne Trautmann, Römerberg

Darüber hinaus danken wir allen am Projekt beteiligten Mitarbeiterinnen und Mitarbeitern des Historischen Museums der Pfalz Speyer.

Historisches Museum der Pfalz Speyer
Domplatz 4
67346 Speyer
www.museum.speyer.de
info@museum.speyer.de
Telefon 06232/13 25 0
Telefax 06232/13 25 40